班组长工作技能特训全书

Banzuzhang Gongzuo Jineng Texun Quanshu

孙剑明 ◎ 编著

廣東省出版集團
广东经济出版社
· 广州 ·

图书在版编目（CIP）数据

班组长工作技能特训全书／孙剑明编著. —广州：广东经济出版社，2014.7
ISBN 978-7-5454-3470-5

Ⅰ.①班… Ⅱ.①孙… Ⅲ.①班组管理 Ⅳ.①F406.6

中国版本图书馆 CIP 数据核字（2014）第 140724 号

出版发行	广东经济出版社（广州市环市东路水荫路 11 号 11～12 楼）
经销	全国新华书店
印刷	湛江日报社印刷厂 （广东省湛江市赤坎康宁路）
开本	730 毫米×1020 毫米 1/16
印张	17.5
字数	233 000 字
版次	2014 年 7 月第 1 版
印次	2014 年 7 月第 1 次
印数	1～5 000 册
书号	ISBN 978-7-5454-3470-5
定价	38.00 元

如发现印装质量问题，影响阅读，请与承印厂联系调换。
发行部地址：广州市环市东路水荫路 11 号 11 楼
电话：（020）38306055 38306107 邮政编码：510075
邮购地址：广州市环市东路水荫路 11 号 11 楼
电话：（020）37601950 营销网址：**http://www.gebook.com**
广东经济出版社新浪官方微博：**http://e.weibo.com/gebook**
广东经济出版社常年法律顾问：何剑桥律师

前言

在任何一家企业中，90%的基础管理工作靠谁去落实？90%的日常效率靠谁去推进？90%的小事发生在谁身边？是谁在八小时内始终盯着现场，对作业安全、生产质量、设备使用、工作进度、规范规程等进行执行督导？是谁在基层生产工作中第一个发现问题、解决问题、反馈问题、分享问题？是谁担负着企业战略目标的职责？显然，是组织细胞活力的创造者——班组长。

正是由于班组长的这种不可或缺的重要性，业内人士则形成了这样一种说法：企业千条线，班组一针穿。在那些卓越的企业里，班组长才是企业的第一管理者，这一点就充分说明了班组长的重要性，因为班组长是连接中层领导与一线员工的桥梁。随着企业组织的扁平化，班组长发挥作用的领域也日益广阔。

但是，要想当好班组长并不是一件容易的事情：怎样才能让班组立于不败之地？怎样才可以让班组保持核心竞争力？怎样才能和班组成员精诚合作？怎样才能让班组的执行力得到有效发挥？这些都是班组长一直冥思苦想的问题。

班组长曾寄希望于工具、设备、技术和生产方式的改善，也曾用严格的制度来规范管理，更尝试过用默默的温情来感动班组成员，但效果都不甚理想。这是因为班组长还没有掌握管理班组需要的综合技能。

要知道，没有差的员工，更没有差的班组，只有不会管理的班组长。分析当下我国企业班组长的现状，普遍存在的问题是，班组长往往是技

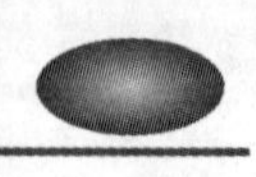

术上的能手，管理上的弱者。所以，要想提升班组管理水平，改善班组效益，班组长首先要从完善自身开始，从重塑管理理念、改善管理方式、提升领导能力入手，以此来改善管理知识和管理技能匮乏的局面。

基于这一现实问题，我们在拜访了很多优秀的班组长后，编著了《班组长工作技能特训全书》这本书，旨在帮助班组长提升自己的管理技能。本书从班组长管人、管事这两个维度，为班组长改变管理理念、学习管理技能、提高管理能力、快速成长为优秀班组长、打造卓越班组提供了一条正确的方向和便捷的途径。

如果你已经是一名班组长，那么，这本书能够帮助你在工作中找到管理重点和必须具备的知识，以及有待改善的地方，以便让你获得更好的提升，尽快成为一名出色的班组长；如果你还不是一名班组长，但你希望自己能成为一名出色的班组长，那么，这本书可以帮助你了解成为一名班组长将要遇到的各种挑战和必备的各种技能，为你在成为出色的班组长的道路上扫平诸多障碍。

最后，衷心感谢各位读者对此书的关注。

目录

第三章 做好三大管理，实现企业战略目标

第四章 推进精细化管理，打造优良的产品质量

第六章　人员管理，增强班组凝聚力

第七章　目标管理，激励员工的主动性和创造性

第八章 做好计划，提高工作效率

第章 企业需要什么样的班组长

第一节 找准定位，承上启下

既是管理者，又是生产者

在企业中，班组长是班组的管理者，他们大多数是从一线员工中提拔起来的，几乎都没有经过专门的管理方面的培训和学习，他们的管理才干和知识，是在实践中磨炼和摸索出来的。

有些人认为班组长只是做做工、管管人，没有什么技巧可言，也不需要培训，只要能吃苦，就可以把班组长的工作做好。其实，班组长不仅需要吃苦耐劳，带头苦干实干，更重要的是要善于做管理工作，带领全班员工完成上级下达的生产指标。

有些从一线员工提拔起来成为班组长的人，过于“自信”，认为只要自己能带头苦干，就能胜任班组长的工作，却忽视了管理水平的提高，以至于造成班组长不能对自己正确定位，对自己的责权也不清楚。他们仅仅把自己看作是“兵头”，勤勤恳恳，只见车头跑，不见整车动，不能更多为领导分忧；有些仅仅把自己看作是“将尾”，不愿带头工作或生产，甚至脱离生产，在员工面前盛气凌人、颐指气使，造成和班组成员的对立。

当班组长出现上述情况时，班组的工作效率必然会受到影响。上级找，下级怨；班组内不利于工作进展的矛盾，会不断加剧；班组长与下属的关系也会越来越激化。这时，班组长面对来自不同方面的压力，开始怀疑自己的能力，失去自信，有的甚至打“退堂鼓”提出辞职。针对上述情况，班组长需要找准定位，既要当好“兵头”，又要当好“将尾”。

1. 提高认识，进入角色

（1）班组长到职后，要迅速客观地辨识工作角色、提高认识。

（2）在提高认识的基础上，制定清晰的职业规划，并为之做出坚持不懈的努力。

（3）在班组管理工作中，能履行自己的角色任务。

（4）当遇到困难和挫折时，要能够扛住压力，时刻保持乐观积极的工作心态。

（5）在管理工作中能够合理安排时间，发挥更大的效应。

2. 提高专业能力

（1）对班组生产中一般的技术问题，能够独立处理。

（2）能够指导和培训员工，提高员工的技能。

（3）对于工作中出现的较大问题或技术难题，能够正确作出判断，并向上级或技术人员提供建议。

3. 提升管理工作能力

（1）保证各项规章制度有效执行和落实。

（2）成功组织形式多样的班组岗位培训，不断提高员工技能水平。

（3）掌握电脑的一般操作技术。

（4）具有较强的生产管理能力，包括质量管理、安全管理、现场管理和成本控制。

4. 掌握班组长的领导艺术

（1）学会和掌握沟通技巧，具备协调班组内外关系的能力。

（2）具备团结协作的能力，使员工上下一心，凝聚力强。

（3）善于调动员工的工作主动性和积极性，增强员工的执行力。

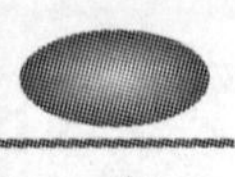

（4）在工作中善于发现问题和解决问题，不断提高解决问题的能力。

（5）思想、观念与时俱进，打破思维定势，具有创新能力。

5. 灵活运用和掌握正确的管理方法

班组长在工作中要重视方法、技巧，多思考，充分运用工作方法和技巧，来解决工作中所遇到的问题。工作中遇到难题或工作进行得不顺利时，要多动脑子去思考，寻求正确的解决办法，不要动不动就发脾气，或向上级打小报告，这样不仅不利于解决问题，还会让员工认为你工作无能、人品不正，从而引起反感，甚至会在工作中产生消极情绪，轻则影响团结，重则造成不安定因素，影响工作任务的完成。

6. 信任员工

班组长要信任员工，放手让员工去工作，只有这样，才能让员工的工作积极性和工作干劲得到充分发挥，而班组长也才能更准确地找到班组管理工作的关键点。

7. 以身作则，处处起模范带头作用

班组长的工作态度和行动，直接影响到员工的工作表现和潜能发挥，因此，班组长要求他人做到的，自己首先要带头做到。同时，班组长要不断提升自身技术、文化、管理素质，给员工树立一个优良的榜样；只有这样，才能带领全班员工努力完成工作任务，共同进步、共同提高。

班组长把下属员工当做朋友和亲人，既关心体贴，又严格要求。在工作上起带头作用，用真诚的心求得员工的理解和尊重，当好普通员工，才能当好管理者。

树立服从意识，提高执行能力

班组长在企业的特殊地位，决定了要对上级具有服从意识，对下属员工又必须进行必要的管理。在实际工作中，企业的战略目标制定得再好，如果没有班组长不折不扣地执行，没有班组长来组织开展工作，那么，企业的战略目标就很难落实。

有效的执行力是建立在绝对服从的基础之上的，执行的前提是服从，没有服从就没有执行。一个服从意识强的班组长，执行力必然强。执行力对班组长个人而言，就是管理能力。如果落实和分解到班组，执行力就是战斗力。衡量班组长执行力强弱的标准，不仅仅是按时按质按量完成自己的一份工作任务，更重要的是带领班组在预定的时间内，完成企业的战略目标。班组长通过下列途径提高执行力。

1. 认同企业文化

执行力是企业文化的一部分，班组长的执行力来自对企业文化的认同。因此，班组长应认同企业在发展过程中所有的精神内涵，将其化为动力，提高执行力。

2. 统一员工观念

班组长的执行力，是通过班组全体员工的执行力最终体现出来的，因此，班组长在执行上级的指令时，首先要把员工的价值观统一起来，形成凝聚力。这样，员工的价值观统一了，又明确了目标，就会按照既定的流程和标准去做好工作。

3. 对上级的指令无条件执行

班组长在接到上级的指令后，首先想到的应该是如何去完成，而不是以借口来搪塞和敷衍。在执行过程中，要根据指令的要求，力求创造性地开展工作，圆满地完成任务。

4. 具备服从意识、良好的心态

班组长对待上级的指令，应不打折扣地服从，通过扎实、有序的工作，使用行之有效的管理方法和手段，把指令分解到每一个员工。

5. 应有踏实的作风

执行力强的班组长，其工作作风应该是踏实敬业，而不是浮躁马虎。对待班组工作应该是真抓实干、脚踏实地，而不是夸夸其谈、虚浮应付。班组长应把工作重心放在务实上，从细节、细小的事情做起。

6. 善于交流和沟通

班组长提高执行力离不开有效沟通，在与上级沟通时，要了解上级的工作思路、工作重点，获取最新的管理信息；此外，也要善于和其他班组长沟通，互通有无，交换工作经验；在与下属沟通时，要了解他们的工作、生活、家庭方面的困难、需求，以及对班组的建设性意见。通过这三种有效的沟通，再结合工作实际和工作经验，搞好班组管理工作，提升执行力。

7. 应具备创新意识

班组长为提升执行力，还应立足班组，探索和分析现有管理手段、方法等方面的不足，提出新的理念和管理方法，在实际工作中加以运用，验证其先进性和有效性。

8. 遇到困难应坚忍不拔

班组工作变数大，当遇到困难和挫折时，班组长应尽最大努力，想方设法创造条件去克服；从绝望中找到希望，不可一遇挫折就气馁，轻易放弃。

学会运用技巧，有效管理

班组长作为“兵头”，需要与时俱进，不仅要有精通的业务技术和扎实的工作作风，还必须具备一定的班组管理水平。

班组长仅靠埋头苦干、默默奉献，已经不能适应现代企业的管理要求，在追求科学化、精细化、人本化和数字化管理的今天，作为一名班组长，不再仅仅是班组带头干活的人，而应用先进的管理思路和方式，去做好班组的管理工作。然而，一些企业的班组长却陷入了管理的困境。因为在思维方式和管理模式上，班组长都必须根据时代要求和企业需求，进行更新。

大多数班组长所拥有的传统的管理经验，如今必须融入现代化管理的程序。如果步子跟不上，就会被时代淘汰。当老思路碰到新问题时，班组长的管理方法必须主动转型，学习新方法、运用新技巧。

1. 制定目标的技巧

班组长在年初就要制定出本年度的工作目标，在制定之前，应将全体员工召集起来，结合企业的战略目标，以及上级的要求，商讨决定本年度班组目标应该是什么，为了实现这些目标应该做些什么，这些目标所涉及的每一岗位中的具体目标是什么。

目标制定要切合实际，不可浮夸，每一个目标都要切实可行。到年终时，应检查目标实现情况。

2. 对工作进行分类

班组管理工作千头万绪，应先对工作进行分类，根据轻重缓急、难易等，把工作划分成先后实施的具体目标，再进一步把具体目标按照顺序予以实施。

3. 确定员工的需求

班组员工选择这项工作，通常出于不同的原因，有人为了金钱，有人为了自我发展，有人为了得到别人的欣赏，也有人是为了在工作中获得满足感。作为班组管理者，一定要了解员工的不同需求以及变化情况，创造条件，尽量满足不同员工的不同需求。鼓励他们在工作中追求优异，公平地对待每一个员工。

4. 每周例会

有些员工缺乏干劲和动力，需要在后面推一推、拉一拉，经常给他们加点“油”。因此，可以每周举行一次例会，总结前一周的工作情况，对下一周的工作进行具体安排。同时，对表现优秀的员工进行表彰，对那些工作劲头不足的员工予以批评，促进他们改进。

5. 建立绩效衡量标准

建立绩效衡量标准，对于班组的绩效和个人绩效至关重要。班组长应为每一个员工确定一种衡量标准，衡量的标准不但要结合班组的绩效，而且还要结合员工个人的工作。通过绩效衡量，促使员工在工作中追求高效率，实现自我价值。

6. 突击检查

对工作负责的班组长，要抓好例行检查。除了常规性检查外，也可以采取“突袭”行动，借此检查员工的工作状况。之所以这样做，是让工作踏实勤恳的员工更踏实、更有公平感。同样，也会让脱岗、离岗、偷懒的员工“现出原形”，以致他们措手不及，有助于他们在自惭自愧之余改正错误。实践证明，这个方法比较有效，会让员工感觉到背后有一双无形的“眼睛”，在注视着自己的工作，从而不敢懈怠。

7. 网上沟通

现在网络普及化，很多班组长都会上网，当员工遇到各种各样的问题时，有时一两句话很难沟通清楚，班组长可以利用业余时间，通过互联网这个方式，来解决这个难题。

在网络沟通前，先打电话约定时间上网，然后通过聊天的形式，在一起交流沟通，解决员工所遇到的难题。这种沟通方式轻松随意，对方容易接受，也能够提高沟通效率，收到很好的管理效果。

8. 声东击西法

对于老员工犯错误或在工作中出现问题，班组长往往不便于严厉批评，可以采取声东击西的暗示方式，指出错误或问题。虽然没有明说，但也让老员工知道这种暗示或提醒，会使老员工警觉起来，并对自己的错误和问题予以改正。

班组长在管理工作中，需要把常规手段与另类方法相结合，结合员工的个性、状态等，采取一些方式和技巧，灵活变通地进行管理。通过灵活管理，可以激发员工的工作积极性、主动性、能动性，从而取得卓越的业绩。

敢于承担责任，正确对待问题和不足

在工作中，班组长只有敢于承担责任，才能赢得员工的信任和赞许，班组的各项工作才容易开展，员工的积极性才能被调动起来，在日常工作中才能化被动为主动，更好地掌握机遇，完成上级交给的使命。

敢于承担责任的班组长，往往对自己的工作岗位的责任十分熟悉，对自己的工作范围十分明了，对自己工作责任内的任何事情，都会主动地去做。事事都由上级来安排的班组长，最终只能被淘汰。

班组长的责任心，直接影响着企业战略计划任务的实施，从这方面来说，责任比能力更重要。有责任心的班组长，也会注意培养员工的责任感，提升大家的责任意识，使大家勇于承担责任，更好地完成班组工作。对于班组长来说，这也是提升工作效率和生产效益的最佳方法。

一个班组通常有十几人到几十人，工作也会千头万绪、纷繁复杂，因而总会出现一些问题。当问题出现时，敢于承担责任的班组长，通常会先从自身查找原因，把问题彻底解决。

在工作中，班组长不可避免会犯一些错误，但有错误并不可怕，关键是我们面对错误的态度。只要能够认真加以改正，最终圆满地处理好工作，就会得到员工的敬重和支持。反之，班组长即使身为“将尾”，

比普通员工“高贵”，但遇事却不敢承担责任，那也就丧失了基本的职业道德，就会遭到员工的鄙视和唾弃。

在一些企业中，有一些班组长遇到大事不敢果断地作出决定，大会小会开个没完，却借口说要发扬民主，让大家想办法、寻找解决问题的途径；其实是不敢承担责任，最终把“责任”当成皮球踢给了大家。

当员工们顺利完成了任务，做出了成绩。此时，这类班组长就会站出来说是自己的功劳，是自己的决策正确。如果员工们任务完成得不顺利，或造成了损失，这类班组长就推诿说是大家的责任，减少承担责任的麻烦。一次两次这样做，员工会给以谅解，但遇事总是这样，员工就会对你失去信任，对你的人品产生质疑，对你就不会再像从前那样产生敬意。

有些班组长还会说：“这件事情不是我干的。”或“这是前任遗留下来的问题。”，等等。虽然从表面上看显得振振有词，然而，当你在工作中一次又一次地推卸自己的责任时，其实已经失去了一个又一个宝贵的发展机会和赢得尊重的机会，因为你作为班组长，缺失了敢于承担责任这一最重要的品质。

此外，由于这类班组长抱着“新官不管旧事”的态度，对原来未处理的事情一概不去管，任凭不好的事态发展下去，最终使工作受到损失，甚至发生事故。这种不敢承担责任的表现，其实就是没有责任心的体现。这样的班组长怎能获得员工的尊重，怎能不影响班组员工的积极性呢。

班组管理工作虽然繁杂琐碎，但只要你遇事能认真地、勇敢地担负起责任，那么，你的工作就是有价值的，就会获得员工的尊重。不要总是抱怨员工怎么不尽如人意，而应当想想自己有无不可推卸的责任。

合格的班组长会在自己的工作范围内，以个人魅力和能力去感召和凝聚全体员工，在管理活动中恪守自身之责，并不断开创新局面。富有责任感是班组长必备的素质，岗位是自己的、工作是自己的、事业是自己的，充满激情地主动承担责任，是班组长首先要做到的。

研究表明：具备将承担责任作为一种职业习惯的班组长，都有以下特征：

（1）带头严格遵守各项规章制度。

（2）始终以高度热情和努力对待工作。

（3）乐于帮助员工，善于和上级、同级员工合作。

（4）自愿做一些本不属于自己职责范围内的工作。

（5）竭尽全力达到班组的目标。

对工作敬业的班组长，通常会有承担责任的习惯。他们通常会长时间地工作，不迟到、不缺勤，力争达到高绩效。他们热爱企业、热爱班组，是班组永恒发展的原动力，是企业和班组的脊梁。

第二节 你优秀，你的班组才能优秀

这样的班组长，企业最需要

班组长在企业或单位里，是一位基层管理者，既是企业各项战略决策和方案的最终执行者，又是直接的生产者。班组长管理素质的高低、各方面技能的强弱，直接影响着企业战略目标的完成和经济效益的好坏。

任何一个人都可能成为一名出色的班组长，达到这一目标，并不很难，只需要在平时注意对工作技能的培养和提升。班组长需要有比普通员工更出色的能力，这是不争的事实，不过，这些能力并不神秘，只要

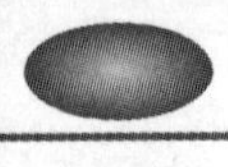

多加训练，都是可以做得到的。作为班组长应具备以下的能力素质：

1. 专业能力

在自己的岗位上成为行家里手，是班组长的一项基本能力。因为班组长只有精通业务，专业能力强，才能在业务上指导班组员工去开展日常工作，生产活动才能正常进行。而当上级在调查基层情况、安排任务时，班组长才能清楚无误地向上级汇报和提供建议，帮助上级正确判断。因此，班组长作为基层管理者，这方面的能力特别重要。

班组长要在工作实践中增长才干，随着工作经验不断积累，专业能力也会得到逐步提高。但如果只凭经验去工作，不愿意深入地学习专业知识，对于技术上的问题，就会束手无策。反之，只要肯努力学习，加上学习方法得当，专业能力就会达到较高的水平。

2. 执行能力

班组长在企业中是“兵头将尾”，是基层的管理者，上级所下达的指令要通过班组长传达给每一个员工。同时，班组长还必须调动员工的积极性，把上级的指令付诸到行动中去。一个具有执行力的班组长，要能够顺利地完成这个执行过程，能够在较短的时间内打开被动的工作局面。此外，一个执行力强的班组长，其管理能力、专业能力都很强，在员工中威信高。所以，班组长的执行力通常是建立在管理能力的基础上的。

3. 领导、组织能力

(1) 计划。

有领导能力的班组长在做管理工作之前，首先会制订周详的计划，按照计划合理安排工作，这样才能保证工作有序地进行，工作才有效率。

(2) 组织。

当计划制订完毕，班组长应根据班组每一个员工的技术高低分配工作任务，发挥大家的能力，同心协力，完成任务。在做计划和分配工作时，班组长应将全盘工作掌握于胸，做到胸有成竹。这样才不会出现工作遗漏的现象，或因分配不当，贻误工作的完成。

在工作过程中，班组长应经常对员工的工作进行检查，如果没有按质按量地实施，应帮助员工查找原因，进行整改，使其按计划达到预定目标。

（3）监督。

班组长虽然也要带头作业，但对于员工的工作状况必须进行监督。缺乏监督能力的班组长，不是称职的班组长。只有监督，才能发现和及时纠正员工在工作中的错误。反之，如果失去了监督，或监督不力，员工的工作就失去了进行中的控制，就容易导致小错变成大错。

班组长在监督过程中，能够发现员工的工作在哪个方面出了问题，或在哪个方面做得比较突出；对于错误或失误，应加以分析、诊断，查找原因，使员工汲取教训，增长经验和才干。

4. 指导、沟通能力

在班组长的日常管理工作中，离不开对员工的指导，善于指导的班组长，能够使员工成长得更快、班组执行力更强。因此，指导能力是班组长最重要的能力之一。通常来说，班组长在业务上、技术上比普通员工要强一些，而且，班组长站在全局的角度，能够很快地发现员工在工作中的偏差和错误，教会员工正确的工作方法或技术，帮助员工不断地改进工作。

班组长的指导、沟通能力，表现在以下几个方面：

（1）发现和解决问题。

班组的日常工作十分繁杂，班组长应该具有发现问题的敏感度，一旦发现问题，能够有的放矢地分析现状，找到原因。因此，有经验、有能力的班组长通常会透过“风平浪静”的现象，看出问题、提出问题。针对这些问题，进行全方位的思考，找出对策，直至解决问题。

（2）善于交流、交际。

一个班组有十几个或几十个员工，班组长与这些员工保持良好的沟通协调，不仅能使班组气氛融洽、提高士气，还有助于构筑与员工之间良好的信任关系。此外，班组长只有通过有效的沟通，才能了解员工的思想，知道员工有哪些想法？有哪些意见和建议？此时，才能有的放矢地对员工进行思想教育工作，班组的氛围才会变得更加融洽。

（3）激励。

班组长要让员工在工作中充分地发挥积极性，仅仅依靠命令的方式是难以奏效的，最佳方法是对员工进行激励。通过激励，使员工体会到自己的重要性和工作的成就感。这样，员工的工作就会由被动变为主动。

（4）培养员工。

对于专业性较强的岗位，不断提升员工的工作技能，是班组管理工作的一部分。班组长在熟悉每一个员工的基础上，在工作中对他们进行培训，尽量创造条件让他们发挥自己的长处，使他们的成就感与工作能力，能够长期地、有计划地得到提高。

5. 凝聚能力

班组长通过个人魅力和管理能力，使班组员工凝聚在一起，完成上级下达的生产指标。班组长的这种凝聚力，能够使班组产生一股强大的向心力和战斗力。

6. 自我约束的能力

班组长应该“吃苦在前，享乐在后”。在困难和危险面前，不应畏缩不前，而是要带头冲在前面；在利益面前，不可与员工争利。以此来自律自己的行为。班组长要了解自己的长处与短处，克服短处和不足，努力增长自己的知识、才干，提升自己的人格魅力。

7. 控制情绪的能力

班组长在企业身处下传上达的位置，面临很多难题，压力很大，当受到上级领导的批评或被员工不理解时，必然会使自己的情绪变得很糟。

此时，班组长应学会控制自己的情绪，如果将自己的不良情绪表现出来，就会影响到员工，使班组和谐的氛围和员工的工作积极性都受到一定程度的损害。

领导、员工的期望，班组长的担当

班组长明确自己在企业的角色和定位后，就会扮演好“兵头将尾”的角色，安排、布置班组成员完成任务。当班组长面对上级时，必须准确地了解上级对自己的期望，使自己尽快成长为上级所期望的基层管理者。有时候，作为下级的你，费了很大的力气做某事，但上级并不看好。怎么办呢？这时你要主动地与上级沟通，了解上级对自己的期望，按照上级期望的标准，在工作中一点一滴地去做。

（1）素质要求。

①目标明确。班组管理工作千头万绪，但都是为了一个目标去努力的。因此，班组长应有一个明确的目标，无论是班组所要达到的远期或近期的目标，还是班组长个人的目标，都必须制定出来，并有予以实现的行动计划。

②工作指令清晰。班组长在分配任务时，必须准确、清楚。否则，员工听后容易产生歧义，在工作中造成失误，引发员工的不满，或造成生产安全事故。

③关心员工。班组长不仅要了解员工的工作情况，对员工的生活、学习、家庭等各方面，也要给以真诚的关心和帮助。只有真诚关心员工，才能获得员工的拥护，获得良好的口碑。当然，上级也会对这样的班组长怀有好感的。

④办事要公道。在班组管理中和利益分配前，班组长要做到公平、公正。在制度面前，要坚守原则、奖罚分明，这样才能够服众。

⑤创新和学习。不变是暂时的，变化是永恒的。求生存、谋发展，就要主动求变。

改变自己才能改变别人，创造变化才能争取主动。班组长不但不能拒绝变化，还要适应变化，而且要主动创造变化，在变化中不断提升自己。比如，让自己由技术型人才向管理型人才转变，或由经验型人才向知识型人才转变，只有主动改变、主动顺应发展的要求，才能掌握职业发展的主动权；否则，迟早都会被淘汰。

班组长要有学习的心态，要学会用欣赏的眼光看人，带着求知的心情做事，带着讨教的心态对人。同事之间要取长补短、优势互补、相互学习、共同提高。

班组长不仅要善于培养人，还要善于整合优秀的人一起工作。

⑥善于指导。在工作中，员工总是希望自己能够得到上司的及时指导，使自己能更顺利地完成生产任务。所以，善于指导员工、帮助员工提升工作技能的班组长，既能受到员工的欢迎，又能得到上司的肯定和赞许。

⑦享乐在后。在利益面前，班组长不应与员工争利，该谦让的就要谦让，让员工信服。

（2）心态要求。

①主动积极的心态。作为企业基层负责人，当上级把任务布置下来后，就要主动积极地把任务分配到员工头上，竭尽所能做好指导和管理工作，再以结果向上级汇报。当班组管理工作遭遇困难和挫折时，班组长应以积极的心态去对待，千方百计找出问题的症结，加以解决，然后举一反三、防微杜渐。

②自我批评的心态。班组长是班组的负责人，遇事不能独断专行，要欢迎员工的监督和批评。当工作中出现问题时，班组长首先要做自我反省，从自己身上找原因，在自省中寻求改进。

班组长作为“兵头将尾”，除了不折不扣地执行上级的指令以外，

还要善于协调与员工的关系，这既是班组长应具备的基本素质，也是员工对班组长的期望。与员工协调沟通，是班组管理工作的重中之重，而协调沟通的前提，就是要了解员工的真实想法，了解员工对班组长有哪些期望和要求。下面是员工对班组长的希望：

（1）精通业务，热爱学习。

班组长要有精深的专业知识，在工作上能够用己之长、避己之短。能够指导员工从事自己胜任的工作，并能为员工提供更新知识的学习机会。

（2）关心员工，同甘共苦。

班组长不仅要在工作上帮助员工克服困难，而且在生活上也能够“急员工所急，想员工所想”，想方设法为员工排忧解难，即使暂时解决不了员工的困难，也能耐心细致地做好思想工作。

（3）作风民主，敢担责任。

在工作作风方面，班组长要讲民主，要善于集思广益、博采众长。与此同时，遇事要敢担责任，而不是推诿搪塞，关键时刻要拽人一把，不能落井下石。

（4）指明方向。

员工能否按质按量完成班组长指令的任务，与班组应设定具体的奋斗目标是分不开的。除了班组目标之外，每个员工还应该清楚，在某个确定的时期内，班组会用什么样的目标来衡量员工个人的表现，以及员工个人应该把宝贵的时间用于何处。

班组长只有把目标明确了以后，才可以根据员工个人的表现，来公平、公正地确定员工的晋升和奖金。如果这个过程不透明，有一些幕后操作的话，员工的工作干劲就会受到影响；如果员工知道自己的工作是靠实力说话的，就会感到开心。

（5）诚实坦率。

班组的日常管理工作要透明，遮掩真相不利于员工的发展。要做到

这一点，班组长在为人处世上就要诚实坦率。

(6) 制订公平的薪酬方案。

员工希望得到的报酬能反映出自己的贡献和劳动价值，班组在制订薪酬方案时，应让全体员工参与。因为只有这样，员工才能够估算出自己奖金的大概数目，并对自己的整体业绩有清楚的了解。

转变工作观念，学用结合

管理学大师德鲁克说："管理是一种社会职能，隐藏在价值、习俗、信念的传统，以及政府的政治制度中，管理是而且应该是受文化制约的。管理也是文化，它不是无价值观的科学。"

当今企业之间的竞争，表面上看是产品之间的竞争，但实际上是管理模式之间的竞争。

在一些企业班组中，管理粗放、技术落后，成了制约班组发展的瓶颈。因此，班组长应该改变陈旧的观念，虚心学习，以先进的管理模式来搞好班组的管理工作。通过学习，开阔视野，使自己各方面取得进步，提高自己的管理水平，在工作中少走弯路。

不同的管理模式，产生在不同的企业文化背景之下，滋生于不同的土壤之中。管理不是无价值观的纯技术手段，而是反映了企业管理者的一种价值倾向，是管理者的价值观、文化观念在起支配作用。

班组长要根据形势的发展，不断推出新的管理模式，这就需要对企业的整体目标有清晰的理解，对企业文化有较深的融入。要做到这些，应具备下列相应的素质。

1. 思路开阔，转变观念

班组长要有开放的思想观念，与时俱进，跟随时代的脚步。只有这样，在班组管理工作中，才不会墨守成规，才能不断创新，找到更好更先进的管理理念、方法，引导班组从一个高度走向另一个新的高度。

2. 务实、创新

班组发展的目标直接影响着工作的结果，而作为生产一线的班组的发展目标必须是首先培养好班组成员的业务技能，能够胜任本职工作，之后才能求得更高的发展，才能在务实的基础上，不断创新。

3. 要有竞争意识

只有对市场竞争的形势有所认知，才能培养竞争意识。有些班组长工作时间长了，有了一定的管理经验，就极容易养成职业惰性，总认为自己对工作驾轻就熟，因此便随波逐流，得过且过，不求进取。当我们始终关心市场形势的变化后，就会发现如果自己不努力做好现在的事，被淘汰就是必然的后果，因为随着市场形势的变化，企业都会面临挑战。

因此，如果没有竞争意识和忧患意识，在不久的将来，就会被无情地淘汰。作为一个班组长，如果不具有竞争意识，用实际行动来影响员工，那么，班组的执行力就会变得很弱，就很难完成上级下达的生产指标。

4. 要具备较强的学习力

21 世纪是科技、知识突飞猛进的时代，设备在不断更新，技术在发展，班组长要保证自己在技术上的领先，要有较强的工作能力，在班组中才会具有影响力。而班组长是否具备个人影响力，也是当好“领头羊”的条件之一。

自我成长、不断进步

班组是企业的细胞，只有细胞充满活力，企业才有旺盛的生命力。班组要有活力，就必须由胜任的班组长来领路。在当今社会，企业面临着激烈的市场竞争，班组长只有不断成长、自我完善，才能跟上企业的

发展步伐，才能胜任班组的管理工作。企业领导和员工也会关爱班组长，帮助他们成长，客观上也支持了企业的持续发展，这是一个双赢的过程。作为企业中承上启下的角色，班组长既要具有高效的执行力，又要发挥班组带头人的作用，如果在管理上停滞不前，就会被淘汰。以下列举若干自我成长的途径和方法。

1. 班组长也要培训

一说到培训，很多人就会想到给员工培训，尤其是给新员工培训，却没有想到给班组长培训。班组长参加培训，与员工培训的内容不同，有很强的针对性和目的性。根据班组管理和发展的需要，在提高管理、工作技能等方面，选择培训内容，从而使自己在观念、工作技能等方面有所改进和提高，最终达到岗位要求，企业也因此能够得到持续的发展。

企业和车间应安排时间和师资力量，组织班组长培训。此外，班组长也可以自由选择读成人大学、社会上开办的适合班组长培训的课程等。

2. 工作拓展

对于能力比较强的班组长，可以主动向上级要求多安排一些新的工作，让自己去面对挑战，努力完成。上级可以把现场改善活动交给班组长去开展，这样既提高了班组生产效率，又培养、提高了班组长的能力，还能让员工们感受到创造性劳动带来的成就感。

3. 兼职、代理

现代企业有很多社会活动，包括管理方法、技术、技能交流等，班组长应积极参加这些活动，开阔视野，增长知识。此外，还可以兼职，代理一些工作或项目，通过这些工作，增加磨炼的机会，使自己更快地成长。对于有利于自我成长的机会或活动，班组长就应该投入时间、精力和心血，让自己与企业一起成长。

人的成长如逆水行舟，不进则退。作为一个基层管理者，班组长只有不断进步，才能跟上时代和企业发展的步伐，才不会落伍掉队。

第二章 组织现场生产，熟悉程序和方法

第一节 细致化管理，让工作井然有序

生产、物资准备，“粮草先行”

班组长接到上级的任务指令后，把生产任务分解到每一个员工。接着，组织现场生产。在实施现场生产之前，要进行相关的准备。现场准备工作一般包括生产前的技术准备、物资准备、组织准备等几个方面。

1. 技术准备

把生产需要的有关技术文件、图纸、工艺标准等资料，如工艺设计、劳动定额、材料消耗定额资料、产品结构设计等资料准备好，要做到完整、配套和齐全，并让员工结合自己的工作，熟悉和研究这些资料和图纸、工艺，掌握各项施工技术要领。落实安全技术操作规程，明确检验方法，准备好检验工具，并提前做好预检验。

2. 物资准备

让员工把施工所需要的各种工具、模具、刀具、夹具、量具、辅助工具、工装等，一起准备齐全，送到生产现场，按规定摆放在指定位置。此外，还应检查调整好生产设备、设施，使其保证达到满足生产工艺所要求的技术状态，并提前在生产施工现场摆放好活动设备。

另外，还要按照生产作业计划要求和使用的先后顺序，把生产现场所需要的物资、材料等，领送到生产现场，放在指定位置，并进行抽检，看是否符合质量要求。还要对水、电、道路等进行检查，保证正常开工。

3. 组织准备

当物资、设备、设施进入生产现场后，接着就要做好人员配备、任务分配等，保证各个工种之间、工序之间人力匹配。

4. 其他准备

（1）开工前的人员培训。

（2）明确任务、明确职责。

（3）确定生产班次。

（4）落实岗位责任制。

（5）规定统计报表和工作记录的检查时间。

（6）建立各种管理制度等。

定岗定员，量才而用

定岗其实就是分工，在分工的基础上进行定员。定员是班组提高效率、降低成本的一种有效的方法。班组长在生产现场正式作业前，进行定岗定员是必不可少的。在制订定岗定员计划前，要根据班组的实际情况，如技术条件、业务流程、员工素质等，进行合理的设计，再确定岗位设置和各岗位人员数量。

（1）定员的步骤。

在进入生产现场之前，先确定现场所需要的工种、岗位，再根据这些因素，确定员工数量。具体方法如下：

①按照人工成本。班组长可以先计算生产现场的人工成本，然后根据人工成本计算出生产人员总量，再进行定员。

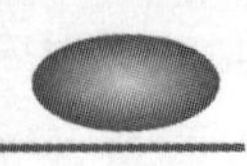

②按照劳动效率。班组长可以根据班组员工人均劳动效率，计算出生产人员总量，并以此来定员。

③根据设备。对于生产企业，作业现场上的每台设备，都存在额定的操作机位，因此，可以根据额定的机位来定岗定员。

（2）定员的基本步骤和方法。

①自上而下的逐级分解。班组长自上而下地采取定员的总体人数，使各作业小组、各岗位，按合理水平定员。

②自下而上制订定员计划。班组长在确定定员人数之前，先让员工进行讨论，根据岗位需要和经验，呈报定员计划，班组长召集有关人员对计划反复商讨，最后确定人数。

（3）定岗的基本原则。

①在定岗之前，根据实际情况尽量减少岗位，这样，就能够最大限度地节约人力成本，又能减少岗位之间的扯皮现象，提高班组的战斗力和市场竞争力。

②因事设岗。对于生产现场的岗位设置，应根据生产任务的数量和种类进行设置，因事设岗要考虑到岗位职责范围及成本等因素。

③岗位协作。定岗时即强调专业化分工，但各岗位间有效的协调也很重要。因此，要在分工基础上有效地综合，使各岗位职责明确，又能相互之间进行协调，以发挥最大的工作效能。

④一般性原则。班组长在进行岗位设置时，应从正常情况出发进行考虑，而不应考虑例外情况。

客户导向对于服务行业的基层班组，在设置岗位时，还要考虑为客户创造价值的因素，从客户角度考虑定岗问题。定岗看似简单，但如果要做到既合理又能减少成本，还能提高工作效率，就需要专业化的决策方法。在定岗时，要充分考虑一些主要影响因素。

（1）员工能力。

班组长在定岗时，应考虑员工的技能水平和各自的才能，这样才能够顺利地完成生产任务。

（2）成本效应。

现在很多企业班组都进行独立核算，因此，岗位设置也要充分考虑经济成本。如果不考虑成本，或成本太高，班组就缺乏竞争优势。

（3）业务流程。

企业的业务流程各有差异，这样就可能导致岗位设置不同。同时，定岗也是重新检查业务流程优劣的时机。每当企业重新审定岗位时，都要对业务流程进行一定的优化。

（4）技术水平。

技术水平高的岗位，所需人员必定要少。很多岗位从手工操作向自动化操作发展，由于新的管理方法、工具的不断出现，岗位所需人员大量减少。

（5）模仿竞争对手。

对于竞争对手的岗位设置，也可以加以模仿和借鉴。当然，前提是竞争对手的岗位设置要十分合理。

（6）客户需求。

在有些服务型基层班组，在进行岗位设置时，也可以借鉴客户的需求。比如，随着银行推出花样繁多的理财服务产品，很多客户在办理业务时都弄不清楚。于是，各银行增设了大堂经理的岗位，专门负责解答客户的各种疑难问题，既为客户释疑解惑，扩大了业务，又提高了业务办理效率。

利用时间，讲究效率

班组长既要做好班组的管理工作，又要身先士卒完成各项生产指标，工作繁杂，但时间有限。怎么办呢？班组长就要善于利用自己的工作时

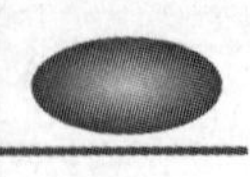

间。时间是最宝贵的财富。没有时间，计划再好、目标再高、能力再强，也是空的。班组长的时间是十分宝贵的，如果不善于利用，它可以一瞬即逝；如果善于利用，它就可以发挥最大的效力。

会不会利用时间，关键在于班组长会不会制订完善的、合理的工作计划。班组长的工作计划，就是自己和班组的工作时间表。如某年某月某日要做什么工作；先做哪些工作？后做哪些工作？以哪些工作为重点？安排在哪些时间内做什么工作？生产指标何时达到？等等。

真正会利用时间的班组长，在开展工作之前，首先要先拟订一个计划，而不是把大量的时间浪费在忙乱的工作中。一个能力强的班组长，通常都会用很多时间去周密地考虑工作计划，确定工作目标的手段和方法，预定出目标的进程及步骤。在年初时，班组长要拟订好一年的工作计划，而在动手做每一项工作之前，也应该做一个简短的计划。要想把工作做得周密，没有疏漏，就应该在工作的不同阶段中做好计划，繁杂的工作有较为繁杂的计划，小的工作则有小的计划。

班组的工作分有大事和小事，班组长都要事先予以周密考虑。一旦考虑和制订出清晰的计划，执行起来就很顺利，就会少做无用的事情，少走一些弯路。从表面上来看，虽然在做计划时会占用一些时间，但实际上，“磨刀不误砍柴工”，从工作效果来看，却节省了许多时间，即充分利用了每个单位的时间。

现代企业面临着激烈的竞争，班组长身处竞争的漩涡之中，压力大、工作节奏快、时间明显不够用，班组长应善于分配和使用自己的时间。

1. 按照顺序处理

当上级下达生产任务指标时，你可以花点时间把任务进行归类，分轻重缓急，依次排好。对于各种“轻、缓”的任务，可以把它排在后面去做。而那些急迫一些的、重要一些的工作，就必须马上着手安排员工去做。

2. 分配时间

班组长最担心误工、误时，如果克服这些弱点，就会大大提高工效。在生产现场，要想合理地分配工作，不会造成误工、误时等现象，最大限度地利用时间，可以使用排定工作先后次序、工作时间表、分配任务等方式，来达到这些目的。

员工在做某项工作时，应将工作过程记录下来，并登记在工作时间表上，把工作进行量化，这样，工作效率自然就会获得提高。班组长在以后制订工作计划和分配工作时，可以参考这些工作时间表，使工作计划和分配工作更加符合实际。

3. 计算工时

班组长在做计划和分配工作之前，要善于计算每一项工作所耗费的工时。效率高的员工做某一项工作时，应该花多少时间，以此作为“核定工时”，然后，其他员工做这项工作时，都应该按照“核定工时”去计算。只要这样做，你很快就会发现，不必要的麻烦都已被省却了。

4. 工作时间表

班组长无论在做工作计划，还是核定工时或分配工作，都必须依据和参照工作时间表。因为工作时间表是员工的工作状况、效能、工时等具体、真实的反映，比较符合实际。

因此，在员工每天开始工作之前，应先发放一张表格，在工作中，员工应按照规定要求进行填写。填表所耗费的时间，一个班不要超过半个钟头，班中分阶段填写，但不要过于频繁，以 2 ~ 3 次比较适宜。

工作时间表的作用很大，因此，班组长应加以重视。由于工作时间表重在真实，所以，班组长必须亲自抽查员工填写时的情况。并制定奖惩条例，防止走过场或忘记填写等现象发生。

5. 工作督查

班组员工通常有十几人或几十人，各人的工作态度都不尽相同，有些员工也许比较敬业，而有些员工却比较圆滑，做事拖延、偷懒等。班组长在分配工作时应预先提醒，在工作过程中，应经常去检查督促，不要怕麻烦，更不要怕得罪人。只有经常对员工的工作进行督促，才能使一些怠惰的员工变得勤奋起来，从而抓紧时间完成生产任务。

6. 应付意外事件

班组长在分配工作时，还要考虑留一些时间应付意外事件的发生，如，有些员工感冒或患上其他疾病，需要请假；有些员工突然家中有事，也需要请假。这样，不仅这些请假的员工难以完成个人的工作任务，同时也影响了班组的整体工作计划。

因此，班组长在制订工作计划时，就要适当地预留一些时间，以防止意外事件的发生。只有做好未雨绸缪的工作，当意外事件出现时，才不至于手足无措，影响生产指标的完成。

（1）班组长在做每一项计划时，都要留有多余的预备时间。

（2）虽然留有余地，但如果意外事件频出，那么，只有在工作过程中加快速度，或每天多干一两个小时，这样，就能有效地利用好时间。

（3）制订应变计划。

如果感觉上述两种方法均不适用时，可以预先安排多能工做机动性的工作，哪个岗位临时缺人，这些做机动性工作的员工就及时顶缺。

任务紧急，适当安排

班组员工进入生产现场，开始紧张地工作时，上级突然找到你，说有紧急任务，这时，班组长作为下级就不得不服从，接下这个烫手的“山芋”。然而，当你准备把紧急任务分解下去，员工们却不乐意接受，即使勉强接受了，工作却拖延耽搁，而上级又在不断地催促，此时，你急得像热锅上的蚂蚁。等到好不容易完成上级下达的紧急任务时，员工普遍怨声载道，并将怨气转移到工作中，影响班组生产指标的完成。

怎么解决以上出现的情况呢？也许，下面几个方法可以对你有所帮助：

1. 预先做好应急计划

班组长在制订生产计划时，应考虑到可能会出现的紧急任务，因此，必须预先制订一个应急计划。在这个应急计划中，先假设要处理两三件紧急任务。这两三件紧急任务应该难度大、任务重、费时多，并准备好为处理紧急任务所需的材料，以及预留的员工、时间，按程序排好。当紧急任务一旦下达后，就立即开始工作。没有特殊的意外，不要打乱这个应急计划的安排。

2. 识别具体的紧急程度，区别处理

（1）急事急办，派专人迅速准备所需要的设备、工具、设施等。

（2）与手头上不那么紧急的产品调换生产，此外，可以选择加班完成。

（3）实行简易方式转产，冻结或清理原有生产过程。

3. 做最重要的事

一个班组每天的工作有许多件，但往往是琐碎的小事掩盖着重要的事情。有些小事看来也很紧迫，但不干也不会带来什么严重的后果。因此，一些有经验的班组长，每天都把突如其来的所谓的急事和小事暂时先放一下，组织员工去做影响生产指标完成的最重要的事情。

这样，即使后来一旦中途杀出“程咬金”，上级临时下达紧急任务时，也不会惶恐了，因为最重要的影响全局的事情已经做好了。

4. 集中精力抓关键

人的精力状态在每一天中都是起伏的，这就是精力波动曲线。班组

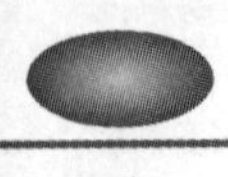

长应当根据自己和班组员工的精力波动曲线，在大家的精力充沛时，用最少的时间，去做关系全局的事情。为达到这个目的，你就要把那些不太重要的工作安排在其他的时间段去进行，让自己和员工有足够的精力投入到重要的工作中去，这是提高工作效率的秘诀之一。

我们每天的精力都是有限的，在不同的时间里还有不同的起伏。班组长在接到上级下达的紧急任务时，最好根据人的每天的兴奋点，来安排员工在这段时间去完成，这样，才能做到合理分配精力，提高工效，以较少的时间完成紧急任务。

5. 第一时间处理

当班组长接到紧急任务后，要在第一时间内进行处理，因为紧急任务一般比较重要、在企业生产上的影响比较大。如果不及时处理的话，后果可能十分严重。所以，班组长一定要尽快组织员工，以最快的速度、最好的效果，完成紧急任务。

（1）班组长直接跟踪实施过程。

（2）预计需要的完成时间，完成后应立即向上级报告。

紧急生产任务通常是指那些需要打破常规生产计划节拍、先行制造、急于出货的产品生产，它不同于常规生产任务。

从形式上来看，紧急生产任务暂时打乱了正常的生产秩序，由于来得突然，会出现生产准备不一定就绪的情况，如缺工具、夹具等。既然是紧急任务，则出货紧急，没有太多的回旋时间去处理争议问题，生产、检验、试验和实验的步骤都需要加快，甚至部分省略。

第二节 生产过程，管理到位最重要

一丝不苟，精细化管理

班组长在现场管理的过程中，会面临各种问题：设备老化、质量问题、材料缺乏、员工违章违纪等。班组长遇到困难和问题时，是主动想办法去解决，还是听之任之。其实，不管怎样，如果问题没有解决，班组的工作目标就不会实现。当然，如果班组长管理到位，遇到问题时，以积极的态度想方设法去解决，问题就一定会得到解决的。

在企业中，班组长大都希望通过实施有效的管理手段，去实现上级下达的生产指标，完成既定的工作任务，但时常事与愿违。究其原因，其中与管理是否到位有关。管理到位的核心是管理者到位。班组长的日常管理如果没有到位，生产、质量到位等就无从谈起。因此，班组长必须一丝不苟地对现场进行管理。

1. 现场管理范围

（1）作业人员是否到岗到位。

（2）现场的材料是否正确堆放。

（3）现场的设备运转是否正常。

（4）相关人员对当班的生产数量、质量，是否清楚地了解。

（5）作业人员是否遵守工艺条件和作业标准去操作。

（6）质量是否进行过“首检”。

（7）是否安排好实际转产时间及转产。

2. 质量巡检

质量巡检即检查标准化作业的实施情况，它是班组长日常工作的重要内容之一。班组长在质量巡检过程中，要加强对质量记录的确认，通过质量记录，准确把握现场作业人员的工作状态。

3. 把握现场变化点

作业现场各个方面都可能会发生变化，班组长应加强对现场的变化点管理，这也是现场管理中的重要内容之一，其目的是使班组长有预见性地发现问题，在事故、故障和损失出现之前，马上采取行动，减少损失。

（1）基本工作条件是否具备。

（2）项目把握要点。

（3）人性化作业配置。

（4）岗位与技能状况方法。

（5）工艺条件适合性。

（6）现场安全管理。

（7）现场作业照明状况。

（8）设备状态。

（9）材料型号、外观、尺寸、批次、厂家。

（10）设备一级保养状况。

（11）性能与精度。

（12）工装夹具状态。

（13）磨损与寿命管理环境现场 6S 状况。

（14）使用状况及实际进度。

（15）人员标准化作业遵守状态。

（16）个人情绪与精力。

（17）协调沟通条件。

4. 现场沟通和协调

在作业现场，班组长应该结合现场情况，做好员工的沟通工作，如召集现场班前会、班后会、质量讲评会、生活会等，与员工经常保持沟通。

此外，如果生产、工作需要，班组长也要跨部门、跨级别进行沟通，如向上级汇报，与其他班组协调关系、商量工作等。保持经常性的沟通，不仅能够掌握最新信息，还能够增进与部门之间、与员工之间的了解和理解。

5. 填写工作日志和交接班记录

当一天的工作结束后，班组长要督促员工填写好工作日志和交接班记录，借以对当天的工作进行总结，包括：

（1）需要向下一班提醒哪些事项。

（2）是否完成任务，是否达到目标。

（3）班组生产是否有变化，是否有异常。

（4）当天工作有无遗留问题或事项。

（5）当天工作出现过哪些问题，是否解决，有何对策、结果如何等。

班组长应对员工所填写的工作日志和交接班记录进行检查，对于上一班所发现的问题，应及时组织人员进行解决，做到不留隐患、安全生产。

6. 应对异常情况

（1）行为异常，如：员工违章违纪，或违反有关规范。

（2）状态异常，如：质量问题、事故、隐患等。

班组长在发现上述异常情况后，要对不同的情形和程度加以区分，再采取适当的处理办法。如：

①针对异常的严重程度、可能损失的大小。当上述情况出现时，如果要停产调整，就必须立即停机进行解决；如果需要有计划性地加以纠

正，就要确定具体的时间进行计划安排，并跟踪落实，直到异常情况被消除。

②针对异常内容所涉及的职能分工。作业现场有时发生的异常情况，单凭班组的力量，可能无法独立解决。此时，可以在上级的支持下，寻求别的部门帮助解决，争取相关部门的支持，本班组则要做好跟踪、辅助工作。

7. 填写报表

当天的工作结束后，必须填写相关报表，如：员工出勤、工作绩效、生产、质量、班组其他工作的结果、相关信息等，予以填写登记。对报表的填写，一定要准确、及时，要尽量数字化、具体化，避免敷衍塞责，走形式主义。如果班组长没有时间亲自填写，也必须安排专人进行填写。班组长要每天抽出时间，对报表进行抽查，把握和确认报表的真实性。

8. ××企业某班组长一天的管理工作范本

（1）8 点上班，提早 15 分钟到岗。

（2）召开班前会。

（3）检查现场的机械设备、设施的运作状况。

（4）检测现场的仪器等设施。

（5）现场巡查员工的准备情况，如：工作服、工作帽的穿戴，工具的准备情况等。

（6）检查现场安全、消防情况。

（7）处理一些后勤事务。

（8）对员工的生产实施情况进行检查。

（9）对现场的生产状况进行检查。

（10）检查产品质量情况。

（11）与员工进行沟通，发现问题应及时解决和处理。

（12）准备下班，确认设备关闭并予以防护，现场清洁干净。

作业切换转换，重视细节

在现代企业中，现场管理是精益生产管理，它是一种使企业班组以最少的投入、最低的成本，获取显著效益为特征的全新的生产管理模式。在市场竞争加剧的今天，很多企业在班组中推行生产作业精益化管理，以此提高经济效益。而作业转换，是有效利用时间的最好的方法。运用作业转换，必须注重细节。

1. 缩短生产过程时间

从理论上说，产品的价值是在生产时间中完成的，当产品在等待出厂时，要通过搬运到达库房。这期间的所有时间，不仅不会增加产品的价值，反而可能增加产品的成本费用。所以，班组长应在改进作业流程、减少产品等待和搬运时间等细节方面，多做工作，来实现生产过程的缩短。

（1）统计、分析细节。

对产品所需的加工时间、进库或出厂等待搬运的时间等细节，按照产品、工序等环节，逐一进行统计和分析，找出产品在各工序中的等待和搬运时间，并对产品的等待时间和搬运时间进行分析，看是否能够减少等待时间或搬运次数，并找出解决的办法。

（2）改进作业流程。

通过改进作业流程等方法，减少产品在各工序间或进库、出厂的搬运时间，使产品在各工序之间衔接平衡，减少等待时间。

2. 缩短作业转换时间

在企业中，每当产品品种转换、设备调整时，都比较耗时耗精力，因此，不少企业班组正在将内部作业转换，变为外部作业转换，以此提

高设备的作业率，达到增加产品生产时间的目的。所谓内部作业转换，是不停下设备、机器而进行作业转换。所谓外部转换，是在设备运转中所进行的线外作业转换。

缩短作业转换时间的措施如下：

（1）对内部转换和外部转换的作业内容予以区分。

（2）尽可能把内部作业转换，转换成外部作业转换。

（3）外部作业要标准化。

（4）使用一些辅助工具，或推行同时作业等方法，进行作业转换。

为了减少转换时间，在充分做好外部转换准备工作的同时，要对有效的作业程序、作业方法加以规范化、标准化。同时改善工艺设备，采用通用的工装和标准件。

将内部作业转换时间尽可能地转变为外部转换时间，并做好外部转换的各项准备工作的思路和方法，也适用于各类企业的基层班组。

在作业转换时，要注意以下几点：

（1）维修计划要周到严密。班组长在作业转换时，要充分估计可能会出现的问题，做好各项准备工作，防止在转换过程中发生没有预料到的问题，使转换工作被动。

（2）做好充分准备。充分做好备品备件的准备工作，做好参加转换工作的员工的思想工作。

（3）诊断划分。可以预先对作业项目进行诊断划分，将作业时间长的设备、机器部件，采用零部件更换的方法，以此缩短维修时间，提高设备作业率。

生产进度，皆在掌控中

生产进度管理是现场管理的基本内容之一，班组长须以控制生产进度为每天的中心工作。在一些企业中，控制生产进度，通常是研究产量报告表或生产进度表。如果发现异常情况，就会及时跟踪，予以纠正。现代企业中，有不少班组的生产模式是批量生产，产品的品种多，零部件也不少，因而配套问题显得比较突出。在控制生产进度方面，即要控制投入、出产的提前期和生产周期，又要控制品种、批量，以及成套性。

有些企业班组的生产模式是单件生产，在生产进度控制方面，主要是根据生产周期综合进度表和加工路线单或单工序工票等，按订货所规定的日期，把主要工艺阶段的实际进度与计划进度进行比较，以此保证正常的生产进度。

1. 掌握生产进度控制的诀窍

（1）分配工作的诀窍。

班组长对属下员工的能力、特长等方面，都要全面了解，安排员工做自己喜欢做的事情，做自己熟悉的事情。尽量把那些不易发生问题的产品分配给新员工去做；而对于工作比较熟练的员工，则要让他们去做比较难做的事情，这样既有利于工作，又能增强员工的自信心。

（2）优先完成容易生产的产品。

在班组生产中，生产任务有难有易，如果上级没有特别的要求，班组长应先安排员工完成一些比较容易完成的生产任务，这样，既可以减轻部分工作压力，又可以保持正常的工作进度。

（3）与相关部门协调好关系。

班组生产比较繁杂，需要工程技术、物料、加工等诸多部门的密切配合，与他们合作是否顺利，直接影响生产进度，因此，班组长必须重视协调的工作。

2. 投入进度控制

班组长在进行生产投入进度控制时，对开始投入物料的日期、品种、数量等方面要密切关注，并加以控制，使其符合生产作业计划要求。同

时，还要检查各种原材料、人力、技术措施、毛坯、零部件、各个生产环节、运输车辆等项目的投入和产出，看其是否符合规定日期。

投入进度控制是一项预防性控制，因为如果投入不及时，就会造成生产中断或粗制滥造，影响按时出产合格的产品；而如果投入过多，又会使半成品积压，等待加工，因而影响班组的经济效益。投入进度控制方法大致可以分为以下几种：

（1）大批量生产作业投入进度控制方法。

在大批量生产作业条件下，班组只需要根据投料单、投料进度表、投产指令、投产日报表等进行控制。

（2）成批、单件生产进度控制方法。

在成批、单件生产条件下，既要控制投入的数量、品种、成套性，又要控制投入提前期，利用配套计划表、投产计划表、工作命令、加工线路单、任务分配箱等，来控制投入任务。用任务分配箱来分配任务，是在单件成批生产条件下控制进度的一种常用方法。

（3）班组长通过现场每日生产日报表，了解每天的成品数量及累计完成数量，以掌握生产进度并加以跟踪控制，以确保正常的生产进度。

（4）班组长可利用每日实际生产的数字，与预定生产数字加以比较，以此追踪记录每日的生产量。

（5）如果发现实际进度与计划进度产生差异，应及时查找差异的原因。如果是进度发生延误而导致产品延期出厂，除追究责任外，班组长应尽快采取各种补救措施，如加班等，以此加快进度。生产进度控制重点：

①原材料供应保障。

②各道工序进程情况。

③计划落实执行情况。

④机器设备运行情况。

⑤不合格及报废率情况。

⑥临时任务或特急订单插入情况。

⑦员工工作情绪。

3. 工序进度控制

在生产现场，班组长还必须对产品、零部件所需的加工工序进度进行控制。否则，生产作业秩序就会发生混乱。

（1）按照工序顺序进行控制。

产品加工路线登记后，按照工序顺序分配给员工，如果在其中发现问题，就要采取相应的措施予以解决，以免影响生产作业进度。

（2）按工序票进行控制。

有些企业班组推行工序票制度，即：将应该加工的零部件，由作业人员进行加工，完成后，将工序票交回。在派工时，又开一张工序票，通知加工，用此办法进行控制。

（3）跨工序进度控制。

有些工件的加工，需要交到协作班组或车间完成，可由加工车间或班组负责，建立加工台账和加工单，待加工完毕，将加工单与零部件一同送回。

4. 处理生产异常的进度控制

生产现场发生各种生产异常时，会使生产进度受到一定程度的影响，甚至无法按照计划进行生产。这时，班组长要及时掌握生产异常情况，尽快予以处理，并进行跟踪工作。

5. 出产进度控制

产品的出产日期、产品质量、出产数量、提前期、出产均衡性、成套性等，也要加以有效控制。做好产品出产进度控制，对完成生产作业计划、各零部件出产成套，生产车间各生产部门的紧密衔接，有不可忽视的作用。做好产品出产进度控制，最好把生产作业计划进度表与生产作业实际进度表进行比对。

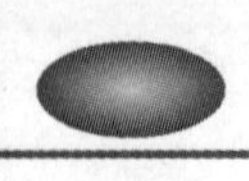

（1）大量生产出产进度控制方法。

在大批量生产的条件下，可用班组生产统计日报、班组生产记录，与出产日历进度计划表进行比较，以此控制每日的出产进度，计算出产进度和一定时间内的生产均衡度。

（2）成批生产出产进度控制方法。

在成批生产出产的条件下，可根据出产提前期、零部件日历进度表、零部件标准生产计划、成批出产日历装配进度表、零部件成套进度表等进行控制。

（3）单件小批生产出产进度控制方法。

在单件小批生产出产的条件下，可在计划进度下，直接利用作业计划图表，用不同颜色标出进度进行控制。

生产异常，淡定来处理

在生产现场，可能会出现生产异常的现象。当这种现象出现后，现场会出现停工，使生产进度延迟，还会造成生产浪费，影响了班组按时按质按量地完成生产指标。

生产异常通常包括产品的品质异常、设备异常、物料异常、水电异常、设计工艺异常、计划异常等。生产异常在萌芽状态时很轻微，如果及时予以控制，一般都能化解。但如果没有及时发现，或即使发现了，也漠然视之，控制不力，那么，就可能扩大，甚至会酿成重大事故。因此，一旦发现异常，就应该予以重视，果断处理，消除异常，确保生产安全和稳定。

1. 面对异常情况，保持镇定

（1）在第一时间赶到事发现场。

当接到生产异常情况的报告后，班组长应挺身而出，在第一时间赶到现场，指挥大家采取紧急应对措施，先稳住现场局面。

（2）分析异常情况发生的原因。

班组长应全力配合当事人分析异常情况发生的原因，如果需要，也应及时向上级汇报，或通知相关部门协助消除异常情况。

（3）分析和找出原因后，应果断采取处理措施，解决问题。

2. 计划调整

当出现生产计划异常时，班组长应调整生产计划，重新做出工作安排，提高生产效率，确保班组生产的总产量不变。

因计划调整而剩余的产品、半成品、原材料等，应予以盘点和入库。对于因计划调整而闲置的员工，应安排做其他工作，使其迅速上岗。

3. 设备异常

当设备出现异常时，应立即通知维修部门前来修理，排除故障，如果故障迟迟不能被排除，班组长应向上级报告，并另作安排。

4. 产品的品质异常

产品在生产过程中，产生不良记录或发生品质异常时，应与质检部门等一起研究对策，制定临时改善措施，以确保生产任务按质按量地完成。在实施改善措施之前，应安排员工做整理、整顿工作，如果异常暂时无法排除时，可向上级汇报，申请生产变更。

5. 物料计划异常

在领取物料时，领料员应查验物料有无短缺，品质是否合格，掌控物料信息，反馈给班组长，避免物料进入现场后发生异常情况，影响工作；当物料即将告罄前一小时，使用人应用电话向班组长汇报，在班组长的安排下去库房领料。

如果库房短暂断料，班组长可安排员工做前加工、整理、整顿或其他辅助工作。如原料中断时间较长，可安排员工培训，或做生产计划变更，安排员工改换生产其他产品。

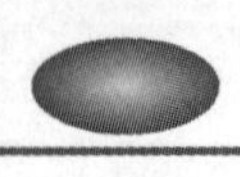

6. 设计工艺异常

当出现设计工艺异常时，应将此情况向设计主管部门报告，如果因异常情况而出现设备故障或造成事故，应迅速配合维修部门进行抢修，把损失降到最低。

上述各类生产异常情况排除后，班组长一定要组织员工分析原因，从中汲取教训，以避免类似问题重复发生。

7. 异常发生的处理原则

（1）临时问题临时解决。

临时问题指的是在一段时间内存在，而另一段时间内有可能会自动消失的问题。当出现临时的异常情况时，班组长一定要及时采取措施进行处理，掌握实施更改的时效。

（2）突发事件果断处理。

突发事件指的是突然发生的影响生产秩序正常进行的事件，由于企业的生产现场人多事杂，可能会突然发生异常情况，这就需要班组长沉着冷静，果断地做出决定，稳住局面，并把负面影响降到最低。

及时处理异常情况，能减少损失，但在异常情况出现之前，就能敏锐地发现，主要靠的是经验，所以，班组长在日常工作中，就应注意总结这方面的经验。可通过如下途径获得经验：

①班组长每天须进行工作总结，并每月汇总一次，从中找出经验。

②树立工作中的参照标准，定期观摩、学习和对照。

③借助控制图、趋势图等管理工具，通过对这些图表进行科学分析，找出生产异常的兆头。

④对上级的各种指示，要反复地体会和理解。

⑤善于发现员工们的经验，及时总结并推广。

每日检查，必不可少

当生产进入轨道时，员工们都紧张、有序地在作业现场忙碌着。这时，班组长不可高枕无忧，应经常到现场检查生产、安全等情况。班组高效工作，还要有对生产计划执行情况的检查，更需要对检查后的生产异常进行调整，只有这样，才能保证按照预期完成生产指标。

如果您是一位生产企业的班组长，或是一个服务型单位的基层管理者，那么您一定会说自己每天都在现场或基层，对班组内发生的事情很清楚，不需要检查。当然，作为基层管理者，班组长每天肯定都泡在基层，但身在基层，不等于你对班组的生产隐患、员工的工作情况都十分了解，只有按照检查的程序、内容规定，定时、定期检查，或不定期进行抽查，才能够对现场的真实情况了然于心，才能够对员工起到督查作用，也才能够防患于未然。

1. 检查的类型和方式

（1）按方式分类。

①运用统计或生产报表进行检查。

②听取员工汇报。

③深入生产现场。

（2）按照检查的内容和范围分类。

①普遍检查。

②专项检查。

（3）按检查的时间分类。

①日常检查。

②定期检查。

③不定期检查。

2. 检查内容

(1) 生产系统是否发生紊乱。

应检查生产系统是否有紊乱现象，一旦产生紊乱，产品的品质就会失控，造成返工，由此影响生产计划的完成。

(2) 是否停工待料。

有些班组长组织现场生产缺乏计划性，或对物料领取无计划，以至于班组在生产过程中，物料进度经常跟不上，出现经常性的停工待料现象。当物料到场后，便加班加点赶货，影响产品质量。

(3) 计划、生产及物料进度协调不强。

由于计划、生产、物料之间衔接不上，发生偏差，导致经常停工，因而影响了生产进度。

(4) 物料控制是否不良。

在生产过程中，由于半成品或原材料不能衔接上，造成材料和半成品大量堆积，生产中发生失控现象。

(5) 生产计划表是否起到作用。

在有些班组，由于班组长对生产计划的忽视，导致生产计划与实际生产脱节，计划是一套，生产又是一套，生产计划根本不起作用，徒具形式。生产完全不按照计划去做，这样一来，有时难免会产生混乱现象。

(6) 产能安排是否到位。

有些班组不能针对产能进行合理安排，没有空留余地，生产计划的机动性不强。加上生产计划变更频繁，紧急订单一多，生产计划就打乱了。

班组长在检查生产现场时，要注意以下方面：

(1) 建立和完善生产现场的检查制度。

班组长应该建立和制定生产现场的检查制度，并使各种检查方法制度化、规范化。

(2) 检查要有标准。

在制定检查制度时，同时还要制定相应的检查标准，包括奖惩条例，把检查同经济责任制结合起来。

（3）要检查生产各个环节和过程。

要对作业现场的各个环节和生产过程进行全方位的检查，不可偏废和疏漏。

（4）检查工作要上下结合。

对于作业现场的检查，既要有班组长亲自到现场检查，也要有员工组成的检查组去检查，发挥群众的监督作用。

（5）善于总结经验。

检查作业现场情况时，要善于总结新经验、推广新经验，帮助被检查的部门解决各种问题。

班组长在生产现场例行检查，是为了解计划任务的落实情况，以及生产安全等而进行的一系列检查分析工作，它是现场管理工作的一项重要任务，其目的是通过例行检查，及时了解生产任务的落实情况、安全状况等，及时发现计划与实际执行情况的偏差，找出造成这些偏差的原因，以便采取措施，保证生产目标的顺利实现。

交接班时，注重衔接

在生产企业，或在部分服务型单位，都存在员工“交接班”的工作。办一件事情总要有始有终，工作也是如此。由于交接班而导致工作受到影响的现象，比较普遍存在。交班的员工经常出现的问题，如材料出现缺料、机器出现异常、故障、员工早退等。另外，下班时的收尾工作也可能做不好，例如忘记关灯、忘记关电源、忘记整理打扫车间等。接班的员工出现的问题，如员工迟到、聊天、串岗、怠工、心情浮躁、做事敷衍等。

作为班组长，对员工的交接班如何管理呢？通常来说，主要是要制定行之有效的相关制度，在平时要加强检查监督。此外，还要提高员工的素质，确保员工能自主管理。

1. 制定交接班制度

必须制定一套行之有效的交接班制度，并以奖惩制度相配套。从管理机制上采取预防措施，消除员工的怠惰意识。

2. 找问题，积极处理

经常把交接班所发生的问题找出来，组织员工进行学习，汲取教训，并谋划相应的对策，形成制度并严格执行。

3. 班组长应以身作则

班组长在平时工作、培训中，对员工言传身教，凡事自己先做好，就能对员工起到好的潜移默化的作用。

4. 建立一对一的交接班机制

有的班组在交接班时，由作业组长代表组内员工进行交接，这样做，弊端很多，一是组内其他员工没有交接班意识，二是增加了作业组长的工作量。三是没有参加交接班，组员仍然处在散漫状态，甚至可以迟到、早退、旷工。如果实行一对一的交接班机制，就能克服这些弊端，确保交接班工作的充分进行。

员工通过“一对一”的交接，不但弥补了仅由组长进行交接的局限性，还大大提高了交接班的效率。更重要的是，增强了员工的纪律性、团队意识。

5. 做好书面交接工作

班组在交接班的时候，为了确保交接工作清楚无误，除了在口头上把有关事宜进行交代说明以外，还要采用书面交接的方式进行交接，如员工必须认真填写交接班记录，交接班记录要存档，以备查阅。

6. 班组长抽查

班组长要重视员工的交接班，因为很多安全隐患都发生在有问题的交接班上。在抽查时，班组长应在交接班时间准时到位，这样才能了解实际情况。班组长经常抽查，员工也会因此而重视交接班。

作业日报，坚持做好

作业日报填写是现场管理的重要内容之一，有些员工怕麻烦，对填写作业日报有抵触情绪，不愿意填写，或者胡乱填写。班组长应做好这类员工的思想工作，对这类员工要加强教育。同时，还应制定奖惩制度，对于不认真填写的员工，给予相应的惩处。

1. 作业日报管理

作业日报制度确立后，班组长应向员工说明作业日报的作用，使大家认识到其重要性。

（1）作业日报内容。

①材料、作业、产品有无异常。

②每一位员工工作日报的填写是否准确。

③员工作业效率是提高还是下降了。

④生产效率与设备效率的变化情况。

⑤每位员工的作业效率是否达到预期目标。

⑥整体效率能否反映每个人的工作效率。

⑦是否按照生产计划进行工作。

⑧不良状况及相应的工时损失。

⑨实际工时与人员配置是否合理。

⑩哪些地方尚需改善，整体实绩如何。

（2）基本方法。

①确认工时、产量、异常现象。

②使用统计手法对员工的作业能力进行管理。

③使用图表统计分析员工的工作效率的变化情况。

④调整计划或目标参数。

2. 作业日报的填写

（1）现场办公人员填写的内容。

作业日报中的班组名、产品名、批量号等基本内容，可以由现场办公人员填好，再发给作业者填写其他事项。

（2）需作业者自己填写的内容。

作业日报中的作业者名、生产数量、加工时间等内容，只有作业者才清楚，因此，应由作业者自己记录填写。

（3）班组长协作员工填写。

在员工填写作业日报时，班组长要在现场指导，并认真审阅作业日报，帮助员工解决问题，形成良好的互动局面。

（4）在填写完后，填写人须再度确认一下。

3. 注意事项

（1）班组长在检查员工填写的作业日报时，发现不准确的地方，要调查原因，并对当事人进行批评或指导，直到其掌握为止。

（2）如果员工文化水平欠缺，不能按照要求填写作业日报，班组长应给予耐心细致的指导。

（3）作业日报上排列的项目顺序，要符合实际作业或逻辑习惯。

（4）作业日报上应尽量减少用文字描述或用数量填写，用符号或线条代替记录。

（5）作业日报宜采用标准用纸，避免过大或过小，以方便存档。

（6）作业日报的内容应尽量简单化，不要过于繁琐，以免员工由于需要描述记录的地方太多，写起来很费时间。

（7）如果班组长不重视作业日报的填写，加上现场没有人指导，员工就会随便填写。因此，班组长应在现场督查指导。

员工作业每日报表

日期：

×班×组：

出勤时间		请假时间		加班时间		实用总工时	分
时间	计划 完成量	品名/型号	实际生产 （工作）量	使用时间	不良品数	不良品率	备注
8～9时							
9～10时							
10～11时							
11～12时							
12～13时							
13～14时							
14～15时							
15～16时							
16～17时							
17～18时							
18～19时							
19～20时							
合计							

第三节 班组管理的创新

作业标准化，制定有要求

在现代企业中，很多班组推行作业标准化，即在作业系统调查分析的基础上，将现行作业方法的每一操作程序和每一动作进行分解，依据规章制度、科学技术、实践经验等，改善作业过程，优化作业程序，获得既高效、省力，又安全、准确的作业效果，从而达到安全、质量、效益都很完善的目标。

班组要提升管理水平，就要在创新改善与标准化方面多做工作。如果说创新改善，给班组管理水平的不断提升增加了驱动力，那么，标准化则是防止班组管理水平下滑的制动力。可以说，没有标准化，班组管理就难以达到较高的水平。

作业标准化主要是针对班组作业过程的，包括作业程序、作业方法手段的标准。但是，班组作业过程，大多是在人机系统中进行的，因此，作业过程要涉及操作人员、设备运行、器具使用、作业环境、作业过程的管理等。

从这些因素来看，班组如果要做到作业标准化，还必须对作业过程所涉及的各要素也同时予以标准化。由此可见，班组除了在作业程序、方法、手段的标准化外，还应对员工行为、设备检查维修、劳保用品穿戴、个体防护设施准备、工器具放置使用、作业环境、沟通等各方面，都要实施标准化。班组在制定标准化目标时，应考虑以下几点：

1. 准确

标准的制定要准确、具体，避免抽象。

2. 现实

标准必须符合生产实际，具有可操作性。

3. 与目标一致

标准应与班组制定的目标相一致，当员工和管理者在遵循标准而工作时，能够保持生产出相同品质的产品。

4. 数量化

在班组拟定的标准中，应该多使用图和数字。如，使用一个更量化的表达方式，“使用离心机 A 以 100 +／－50rpm 转动 5 ~6 分钟的脱水材料”来代替“脱水材料”的表达。

5. 显示原因和结果

比如“安全地上紧螺丝”，这是一个结果，应该描述为：“如何上紧螺丝。”又比如“焊接厚度应是 3 微米”，应为：“焊接施工用 3. 0A 电流 20 分钟，来获得 3. 0 微米的厚度。”

6. 修订

做好生产现场的管理工作，必须按标准进行，因此标准必须是最新的，符合当时的操作情况。当外部条件和环境发生变化时，就要修订标准。如果出现下面的情况，就要对标准进行修订：

（1）当工作程序已经改变时。

（2）当部件或材料已经改变时。

（3）当机器工具或仪器、机器已经改变时。

（4）当相关规章制度已经改变时。

（5）当产品的质量水平已经改变时。

（6）当发现问题时。

（7）当标准已经改变时。

作业标准化构成

作业标准化构成	作业标准类型	作业标准内容
作业过程	程序	作业程序标准，交接班标准
	方法手段	作业方法标准，作业手段标准，使用器具标准等
人的行为	动作	操作动作标准，指挥动作标准等
	交流	交流手势（即体态语言）标准，语言、口令标准等
	穿戴	劳保用品穿戴标准，自身穿戴标准
作业环境	材料	材料堆放标准
	工器具	工器具放置标准
	标志	安全标志布设标准，防护装置布设标准
作业设备	监护	设备运行过程监护标准
	检查	设备检查标准
	维修	设备维护标准，定期修理标准等
作业管理	制度	管理制度标准
	活动	管理活动过程标准，活动内容、形式标准
	信息	管理信息标准，管理传递标准

标准化作业，执行要到位

在现今企业里，很多班组都在开展标准化活动，已经成为企业现代化管理的一项重要内容。1952 年，国际标准化组织（ISO）成立了标准化原理研究常设委员会（STACO）；1958 年，日本设立了标准化原理委员会（JSA/STACO）；1989 年，苏联决定在莫斯科仪表学院等高、中等院校设立标准计量和产品质量管理专业。此外，不少国家的标准化专家还展开了对标准化原理、概念、方法、经济效果的测定，以及理论研究。

1. 标准化的作用

（1）保存文件。

实施标准化后，能够把员工所积累的技术和经验，通过文件的方式来加以保存。即使班组人员流动性大，但技术和经验却不会流失。

（2）复制功能。

班组生产实行标准化后，即使每一项工作或每一个岗位换了不同的人来操作，工作效率与产品的品质也不会出现太大的差异。如果没有标准化，当老员工离职时，他所拥有的工作方法和技巧，以及工作经验都会被带走，接替的新员工就会从头开始摸索，即使在交接时，老员工会给以传授，但仅凭记忆是很难完全记住的。

（3）统一性。

班组在没有实行标准化之前，不同的师傅可能会带出不同的徒弟。这对于班组来说，工作就很难达到一致性。如果实行了标准化，就能克服这一缺陷。

2. 作业标准化的目的

企业制造产品是以规定的成本和工时，生产出符合规格的产品。要达到这个目的，首先要保证生产现场的工序，不能随意变更，包括作业方法和作业条件，都不应随人而异有所改变。否则，生产工序紊乱了，产品的合格率就会下降。因此，必须规定好相关的作业流程、作业条件、作业方法，使之标准化，并予以贯彻执行。

标准化的目的：

（1）提高效率。

（2）技术储备。

（3）教育训练。

（4）防止再发。

3. 标准化的形式与方法

通常来说，标准化过程是标准化的内容和形式的辩证统一过程。因为标准化的形式是由标准化的内容所决定的，并随着标准化内容的发展而变化。不过，标准化的形式又有其相对的独立性和自身的继承性，并反作用于内容，影响内容。

班组在制定标准化时，应对标准化的形式及其特点加以研究，这样就可以根据不同的标准化任务，选择比较适宜本班组的标准化形式，使班组的管理达到标准化的目标，而且能够根据班组的实际需要，以及标准化的发展，及时创立新的标准化形式，以取代旧的标准化形式。

4. 标准化的形式如下

（1）综合标准化。

（2）系列化。

（3）简化。

（4）超前标准。

（5）组合化。

5. 标准化的内容如下

（1）确定标准作业顺序。

（2）确定一个单位产品的完成时间。

（3）确定循环时间。

（4）确定在制品的标准持有量。

（5）编制标准作业票。

6. 推行标准化作业注意要点

（1）及时改进。

当班组的设备设施水平发生变化、产品结构已经调整、操作方法已经改进，班组就要及时完善作业标准，改进操作方式，不可消极等待，或做无效的工作。这样，才能提高班组的作业效率。

（2）制定作业标准要责任到位。

班组在制定标准化时，要明确责任人及工作任务。同时，要随生产环境、条件的变化，随时修订完善作业标准，保证作业标准的有效性和指导性，不断改善作业环境和条件，提高作业效率。

班组作业实行标准化管理，就是对现行的作业方式、方法进行改进和改善，去掉不合理的地方，从而达到用最少的劳动力获得最大生产效率的目的。

目视管理，效率提高

目视管理是利用各种视觉感知信息，来组织现场生产的，这种视觉感知信息形象直观、色彩适宜。目视管理是提高劳动生产率的一种管理手段，也是一种利用视觉来进行管理的科学方法。在企业基层，它被称为“看得见的管理”和“一目了然的管理”。

目视管理综合运用了生理学、心理学、管理学、社会学等多学科的研究成果，与看板相结合，成为现代企业管理方式的重要组成部分。

1. 目视管理的优点

（1）传递信息快捷。

目视管理最大的优点，就是能够迅速快捷地传递信息。

（2）形象直观地显现潜在的问题。

在现代企业里，生产系统对信息传递和处理要求既快又准，如果生产现场的信息都由管理人员直接传达，那么，再多的管理人也会忙不过来。

但目视管理却解决了这个难题，可以通过生产现场的信号灯、图表、仪器、电视等，来向员工和管理者发布信息。它具有形象直观、容易认

读、容易识别、简单方便等优点。因此，很多班组都利用视觉信号显示手段，迅速而准确地向作业者传递信息，而无需管理者在生产现场指挥和管理，就能达到预期的效果。

（3）透明、客观、公正。

在生产现场实行目视管理，生产作业的过程变得公开化了，员工做什么、怎样做、做多少，甚至，他是在什么时间做的，在何处做的事情等问题，全都一目了然。这样一来，便有利于员工之间配合默契，并相互监督，使违反劳动纪律等不良现象都暴露出来。

如：不同岗位和不同工种的员工，穿戴不同的工作服和工作帽，员工如果擅离职守、串岗脱岗，就会被大家认清，促使这类员工自我约束，自行纠正不良习惯。

（4）生产任务与完成情况的图表化。

定期把计划指标进行分解，落实到各个岗位和个人，并列表张贴在墙上；对员工的实际完成情况，也要用作图法按期公布出来，使大家对班组各项计划指标的完成情况一目了然，促使员工都能按质、按量、按时完成各自的任务。

（5）视觉显示信息的标准化。

将目视管理与定置管理融为一体，按照定置管理的要求，在各种区域、通道，及各种辅助工具上，如工具箱、工位器具、货架、生活用具柜等，使用标准颜色。

（6）生产作业的形象直观控制。

生产现场的各生产环节和工种之间的联络，要设立方便实用的信息传导信号，以尽量减少工时损失，提高生产的连续性。如在流水线、生产设备、设施上安装红灯，一旦发生故障，即可发出信号，巡回检修工就会及时前来修理。

（7）物品的码放和运送的数量标准化。

目视管理还可以在生产现场，实行物品码放和运送标准化。如生产现场在将各类工位器具，包括小车、盒、箱子、盘子等，按照规定的标准数量进行盛装，这样，操作、搬运和检验人员在点数时，就省却了仔细点数的程序，既方便又准确。

（8）规章制度与工作标准的公开化。

班组可把生产标准、定额、规章制度，如操作程序图、岗位责任制、工艺卡片等，公布和展示在生产现场。

2. 目视管理的实施方法

（1）颜色法。

在生产现场使用不同的颜色，表示物料、区域、设备等差异或者状态的不同。

（2）透明法。

把部分物品放在生产现场的透明容器中，让员工直接了解其中的东西，或了解有多少东西。

（3）定位法。

将需要的东西放在生产现场的固定位置，并在位置的四个角或所在区域，采用“定位线”表示出来。

（4）方向法。

在生产现场，画出指示行动或前进的方向图形或标志。

（5）监察法。

使用某种标志，使员工能够随时注意事物的动向。

（6）标示法。

在场所、物料、区域、设备等处，用醒目的字体表示出来。

（7）图形法。

用大众都能识别的图形，表示生产设备、设施，或禁止的事情。

（8）分区法。

采用画线的方式，在生产现场表示不同性质的区域。如通道、作业区域等处。

（9）绘图法。

将生产设备、设施、物品等形状，画在放置的地方，使员工一目了然，不会发生识别错误。

（10）“备忘”法。

随时将需要做的事情，记录到“备忘”板或“备忘”表上，可避免忘掉与生产相关的事情。

3. 推行目视管理的基本要求

班组在生产现场推行目视管理，要防止搞形式主义，一定要从本班组的实际出发，有计划地、有侧重点地逐步推行。在推行的过程中，班组应努力做到以下几点：

（1）统一。

推行目视管理时，要实行标准化，不可出现五花八门的杂乱现象。

（2）简约。

生产现场所采用的各种视觉显示信号，应让员工看了易懂，一目了然。

（3）鲜明。

生产现场采用的各种视觉显示信号，要清晰整洁，所在的位置要适宜，要使员工看得见、看得清。

（4）实用。

班组实行目视管理时，不可搞形式主义，摆花架子；要做到少花钱、多办事，讲究实效。

（5）严格。

在生产现场实施目视管理时，员工和管理者都必须严格遵守相关规定，并做到有错必纠、赏罚分明。

看板管理，降低成本

看板管理，是指为了实现及时生产方式（JIT），用来控制现场生产流程的工具。看板给员工和管理者传达这样的信息：“何物，何时，生产多少数量，以何方式生产、搬运。”看板的信息包括：发出看板编号、移往地点、零件号码、品名、制造编号、容器容量、容器形式、零件外观等。看板管理方法是从最后一道工序把信息通过信息流，向上一道工序进行传递，这种传递信息的载体，就是看板。

1. 运用看板进行生产现场的管理

（1）用看板组织生产的过程。

在生产现场，通过看板来传递生产信息，从最后一道工序开始，看板一步一步往前一道工序移动。如，生产现场有三道工序，那么，看板便从第三道工序的入口存放处向第二道工序的出口存放处移动，传递信息；第二道工序从其入口存放处，向第一道工序的出口存放处移动，传递信息；而第一道工序则从其入口存放处，向原料库移动，领取原料。这样，通过看板的移动传递信息，就将整个生产过程有机地串联、运行起来了。

（2）看板操作 6 个使用原则。

①没有看板，现场就不能生产也不能搬运物料、产品。

②看板必须和实物一起。

③看板只能来自后工序。

④不把不良品交给后工序。

⑤前工序按照收到看板的顺序，进行生产。

⑥前工序只能生产取走的部分。

（3）看板的分类。

在需要的时间、按需要的量，对所需零部件发出生产指令的一种信息媒介体，便是看板。它的形式可以是多种多样的。大体上可分为三类，即：传送看板、生产看板、临时看板。

①工序内看板。某工序进行加工时所用的看板，被称之为工序内看板。用于生产装配线以及不需要作业更换时间的工序。

②信号看板。进行成批生产的工序之间所使用的看板，被称之为信号看板。管理者通常把信号看板挂在成批制作出的产品上，而当该批产品的数量减少到基准数时，才摘下看板，然后送回到生产工序；生产工序按该看板的指示，再开始生产。此外，从零部件出库到生产工序，也可以利用它来进行指示配送。

③工序间看板。在生产现场，后工序到前工序领取所需的零部件时所使用的看板，通常被称之为工序间看板。员工根据看板，就可以到前一道工序领取零部件。

④外协看板。现场针对外部的协作厂家所使用的看板，被称之为外协看板。在外协看板上，必须记载协作单位的名称、进货时间、进货量等信息。通过外协看板的方式，从最后一道工序慢慢往前拉动。

⑤临时看板。生产现场需要修理设备或进行设备保全，或临时分配任务需要加班生产所使用的看板，被称之为临时看板。它具有较大的灵活性，只是完成非计划内的生产或设备维护等任务。

（4）看板的使用方法。

如果不善于制定和使用各类看板，生产就无法正常进行。

①工序内看板的使用方法。在使用工序内看板时，必须随实物，即与产品一起移动看板。当后工序来领取中间品时，将挂在产品上的工序内看板摘下来，挂上领取用的工序间看板。该工序便按照看板被摘下的顺序，以及这些看板所表示的数量进行生产。当摘下的看板数量变为零时，就要停止生产。实行这种看板管理不会延误生产，也不会盲目生产过量的产品。

②信号看板的使用方法。员工在生产时，在成批制作出的产品上挂信号看板，一旦该批产品的数量减少到基准数时，就应该将看板摘下，送回到生产工序，生产工序便按照该看板的指示开始生产。如果没有摘牌，就说明产品数量已经足够了，不需要再生产了。

③工序间看板的使用方法。员工在从前工序领来的零部件的箱子上挂上工序间看板，当使用完该零部件后就取下看板，放到看板回收箱内。这个程序所表示的意思是“该零件已被使用，请补充”。现场管理人员会定时回收看板，再把看板集中起来，分送到各个相应的前工序，以便领取需要补充的零部件。

④外协看板的使用方法。使用外协看板的方法与工序间看板基本相同。当管理人员回收看板后，按各协作厂家分开；等各协作厂家来送货时，再由他们带回去，成为下次外协的生产指标。

以上是运用看板进行生产现场的管理，在不少班组，还把看板运用到员工管理工作上，对员工管理工作同样起到了良好的效应。

2. 员工管理工作看板使用方法

（1）各类员工的看板管理。

①有技术专长的员工。这些员工通常具有某些技能专长，能够在岗位上独立工作。班组应把现场那些操作娴熟的员工通过相关考核进行评定级别，按规定认定其业务技术技能，授予相关资格，并发给他们具有证书性质的资格证，然后加以备案。

②多面手员工。多面手员工通常是掌握了两项以上操作技能的人员，在生产作业中，这些员工可以被灵活地调遣，所以，他们通常是班组的宝贵财富。作为班组长，在生产现场中应多注意观察、挖掘和培养多面手员工；建立看板，以便准确掌握这些员工的现状；在作业时，可以对这些员工进行定期调换工作，使他们的能力得到更好的锻炼和发挥。

③临时工。有些企业班组会临时招聘一些人员，辅助正式员工进行工作。由于临时工的工作性质，班组长在管理时，应加强对其工作的监

管，要安排专人指导其工作，在生活上予以帮助。这些过程都应建立看板，以便随时查看，做到心中有数。

（2）特殊岗位、工序的看板管理。

在生产过程中，一些担当特殊操作的工序、岗位，被称之为特殊工序、岗位。通常包括：

①产品特殊特性，是指比较特殊或关键的，与产品指标及其零件有关联的特性。

②过程特殊特性，是指比较特殊或关键的工程技术参数。特殊工序的管理办法有两种：

一是连续进行监控。在生产的后续过程中，确保每件产品都能得到检验和试验。

二是操作者应有上岗资格证。班组长应安排拥有上岗资格证的员工去完成。对特殊工序和岗位实施连续监控的目的，是保障该工序、该岗位的操作过程符合标准，结果也符合要求。把岗位或工序交给有资格证的员工完成，是因为这些员工拥有可以把该工序做到位的能力和经验。连续监控的方法如下：

A. 遇到该工序及其相关项目出现问题时，应优先处理。

B. 对该工序中的特别特性项目，实施 SPC 管理。

C. 利用仪器全程显示过程的各种指标，如温度、速度、电压和电流等。

D. 自动探测或直接显示产品的规格。

E. 从特殊工序、岗位出来的产品，要达到 100% 检验合格率。

（3）工位顶替的看板管理。

①工位顶替的时机。在作业现场，当员工临时有急事需要离开岗位一段时间时，应建立看板管理，并及时做好工位顶替的工作，以免工位空缺后，造成生产或安全上的损失。通常以下情况需要进行工位顶替：

A. 现场员工迟到或临时请假。

B. 现场员工发生意外，例如手脚受伤等。

C. 现场员工需要方便，例如如厕、饮水等。

D. 现场员工需要处理领导批准的其他急务。

②管理方法。班组长在生产现场中，应注意安排工位顶替的预备人员。工位顶替的程序如下：

A. 需要离位的员工，应先向班组长提出口头申请。

B. 离开岗位的员工要卸下操作证，佩戴离位证。

C. 顶替的员工一般由班组长或机动人员担任，发出离位证，然后去顶岗。

D. 班组长要对顶替员工的工作予以确认。

（4）员工流动状态看板。

①员工动态看板的适用性。员工流动状态看板主要适合于在离散型企业里工作的班组使用，不适合流水线作业的班组使用。如安装班、动力班、物料组、实验班、业务部、管理部等。

②员工动态看板的制作与管理方法。

A. 列出流动员工清单，纵向排列。把他们可能流动的场所名称横向排列，然后把上述内容制成表，打印或刻画在看板上。

B. 粘贴或悬挂。以粘贴或悬挂方式，安装在本班组显眼的位置上。

C. 有白板、纸条等类别。这些类别的作用，是标示员工的流动状态。

D. 班组长指定人员管理，或由值日生管理。管理人员由班组长指定或由值日生管理；管理事项主要是维护、清洁、确保有效等。

E. 标示内容要明确。要有明确、清晰的标示内容，标牌不会自行滑动、脱落。

F. 员工的流动状态要一目了然。看板制作要使大家对员工的流动状态一目了然，这样既有利于员工自律，又能规范现场管理秩序，防止员工擅自离开岗位。

生产瓶颈，预防与突破

在现场的生产过程中，生产环节的进度、效率、生产能力等方面，可能存在很大的差异性，因而决定了生产不平衡，导致工作效率降低、成本费用提高，这就是人们通常所说的“生产瓶颈”，它可能是有形的，也可能是无形的。生产瓶颈就像一只木桶的最短的一块木板，它决定了木桶水位的高度，因此，它对生产的危害是不可小觑的。正确的做法是对“木桶”修理补短，集中精力对付关键部位和关键问题。这样，才能克服生产中的不足，充分挖掘和发挥班组的潜力。

1. 各种制约因素导致瓶颈产生

（1）各工序生产能力不平衡，生产协调及灵活性不够。

（2）时间。

（3）工艺。

（4）设备。

（5）技术。

（6）品质。

（7）材料供应。

（8）人力的数量与质量。

（9）突发性。

2. 瓶颈的不良影响

（1）从工序间的平行关系来看，会影响后续工序的进度。

（2）从工序间的先后关系来看，会影响产品配套。

3. 生产现场中的瓶颈常见表现

（1）生产整体进度缓慢，生产效率下降。

（2）产品出现零部件不配套的现象。

（3）一些工序的半成品堆积过多。

（4）一些工序在等材料、等设备。

（5）一些工序加班，另一些工序没有事情做。

（6）生产线流动停止，制品滞留时间过长。

4. 处理瓶颈的措施

（1）找出瓶颈所处的位置。

（2）分析瓶颈。分析该瓶颈对现场生产进度的影响和副作用。

（3）评估影响。确定该瓶颈对现场生产进度的影响程度。

（4）分析因素。分析各个制约因素及相关因素。

（5）制订方案。召开相关会议，逐个分析因素及落实行动方案。

5. 生产瓶颈的预防

（1）掌握生产的灵活性。

当生产现场可能会出现瓶颈时，应根据工艺不同和产品不同，预先进行工序能力的调整，并对材料供应环节进行理顺，使材料供应工作密切配合生产需要。

（2）加强人力资源管理。

要配置好生产人员，把人员因素影响降到最低，做好岗位调整与补充；不断进行员工的技术培训，使员工都能做到多面手，实现岗位的互换性，以便应付紧急情况。

（3）加强工艺技术管理。

在工艺技术管理上要把好关，消除其对生产的影响，并认真进行工序研究，实现各工序生产能力的相对平衡。

（4）加强物料的管理。

物料供应能够影响现场生产的进程，在生产过程中，工序或岗位上

缺乏物料，只好停工待料，那么，整个生产线就可能瘫痪。因此，必须在组织现场生产之前，或在生产过程中，保证充足的物料供应。

第四节 现场5S管理，改善班组形象

讲究方法，推进5S活动

生产现场的工作环境，不仅仅依靠添置设备或改建新房，应在现有的条件下，充分依靠班组员工，由员工自己动手创造一个清洁、整齐、安全、方便的工作环境，使他们在改造环境的同时，也改造自己的主观世界，产生美的意识，养成现代企业所要求的遵章守纪、严格要求的风气和习惯。优良的环境是员工动手创造的结果，因此要保持和坚持下去。

1. 成立班组5S推进组织

（1）班组5S推进小组，负责全公司5S活动的开展，由班组长担任5S推进小组负责人。

（2）指派一位员工为现场管理员。

（3）各作业组组长担任本组5S推进的责任人。

2. 拟定推进目标

（1）推行5S活动，要依据班组的实施目标，制定具体可行的5S方针，作为班组5S活动的准则。

（2）每年或每月设定一个推进目标，作为推进活动的方向，便于在活动过程中进行检查。

3. 拟定推行计划及实施办法

（1）5S 活动推行计划表。

班组应制订 5S 活动计划，送交上级领导审批。

（2）5S 的实施办法。

①制定 5S 活动评比办法。

②制定 5S 活动奖惩办法。

③制定丢弃不要的物品的区分标准。

（3）5S 活动方案的制订方法。

①由 5S 推进小组深入现场和各个作业小组调查，然后拟定一个草案，再召集相关人员进行讨论，认可后，再经 5S 推进小组修订、审核，然后发布实施。

②先进班组 5S 小组应先接受相关的知识培训，由他们结合班组的现实状况，拟定班组 5S 执行规范，经修订、审核后发布执行。

4. 教育、培训

在开展 5S 活动之前，应对员工进行培训教育，使员工对 5S 活动有一个具体、清晰的了解。

5. 宣传造势

（1）召开动员大会，由 5S 活动小组表达推行 5S 活动的决心。

（2）班组长以身作则，定期或不定期地巡视现场，让员工感受到被重视。

（3）利用公司内部刊物宣传介绍 5S 活动。

（4）在现场张贴宣传标语。

（5）举办各种征文活动、漫画活动，或比赛活动等。

（6）每年规定一个“5S”活动月，或每月规定一个“5S”活动日，

加强5S活动的教育。

6. 局部推进5S

（1）实施改善。

集中主要力量，对重点区域进行现场改善，对改善前后的状况进行摄影，以便宣传。

（2）选定样板区。

对整个生产现场进行评选，选定一个样板区域。

（3）效果确认，经验交流。

总结经验，克服缺点，让其他部门进行参观并推广。

7. 全面推进5S活动

（1）开展大扫除，彻底清扫生产现场的每个角落。

（2）对现场进行改善。

（3）推行标准化。

（4）在活动中识别管理。

（5）在活动中实施目视管理。

8. 现场巡回诊断与评估

（1）负责对5S问题的质疑、解答。

5S推进小组定期或不定期地巡视现场，负责对5S问题的质疑、解答，并了解各部门是否有计划、有组织地开展活动。

（2）对活动优秀的小组和员工加以表扬、奖励，对最差员工给予批评和惩罚。

实施“5S”，现场焕然一新

“5S”管理起源于日本，是日本企业创造出的一种独特的管理办法。

它是指企业在生产现场中，对材料、人员、机器、方法等生产要素进行有效的管理，包括：整理、整顿、清扫、清洁、素养5个方面。由于这5个词的英文字母第一个字母都是S，便被称为5S；这种管理方法，便被称为“5S管理法”。

企业实施5S管理，最终落实在班组，不仅使班组的外部环境得到改观，更重要的是培养班组员工养成良好的习惯，在习惯中提高执行力，从而提升班组整体的素质和竞争力。下面是5S管理的具体内容：

1. 整理

区分要与不要的物品，不要的物品须及时清离现场，只保留要用的物品。

（1）机器设备是否摆放整齐。

（2）自己使用操作的机器设备，是否每日及时保养。

（3）机器设备是否摆放整齐。

（4）流水线是否有零乱堆积物料。

（5）生产物料是否及时清理。

（6）消防栓处是否堆放了物料，消防通道是否畅通。

（7）物料架的物品是否摆放整齐。

（8）作业场所是否每日及时整理和清理。

（9）生产成品的摆放位置、数量是否统一。

2. 整顿

每日把要用的物品放在指定的位置上，须摆放整齐，并做好识别管理。

（1）物料架标识是否明确、是否保持清洁、摆放整齐。

（2）物料，半成品、成品是否有明确标示。

（3）未使用的叉车、小推车是否放置在指定位置。

（4）维修品是否标示明确，并是否放在维修区修理。

（5）物品堆置的高度，是否超出指定的范围。

（6）生产区是否放置不用物品，如果有不用物品，应清理出去。

（7）化学物品是否存放在指定的区域，是否加以明确标示。

（8）不良品是否放置在指定的区域，并有明确标示。

（9）生产区电源是否标示明确。

3. 清扫

保持现场中设备、环境等的清洁、干净，清除油污部位。

（1）未使用的工具，是否已及时返回工具室。

（2）待修物品放置的时间，不能超过 24 小时。

（3）生产区是否有零落的机器零件、材料、包装材料等，如果有，应清除干净。

（4）生产区附近的渠道，是否有铁屑、水渍等杂物。

（5）设备是否有灰尘，并定期做检查、保养，填写保养卡。

（6）员工在操作时，是否保持地面和台面的清洁。

（7）洗手间的卫生，是否按时清扫。

（8）生产区是否零乱，并及时清扫干净。

（9）下班前是否清扫工作区。

（10）每日垃圾是否及时清除。

4. 清洁

保持生产区整理、整顿、清扫后的局面。

（1）生产区各区域的卫生是否清洁。

（2）作业区地面是否清扫。

（3）作业区地面是否有油渍、水渍。

（4）下班时台面是否整齐、干净。

（5）下班前作业区电源是否随手关闭。

（6）机器设备是否定期检查和保养。

（7）物料部、库房是否零乱、堆积着灰尘。

5. 素养

遵守公司的规章制度，养成良好的工作习惯。

（1）生产日报表是否填写完整、准确。

（2）作业人员是否了解所做产品及物料的名称。

（3）作业时是否有员工到处走动、闲聊或静坐。

（4）员工是否有穿拖鞋上班。

（5）工作进度是否达标。

（6）上班是否穿戴工作衣帽，出车间是否排队。

（7）是否有员工未经允许，而损坏物料及浪费物料的现象。

（8）生产发生异常，是否及时向上级反映。

“5S 管理”反映出现代企业的精细化管理法则，可以说，它为企业现代管理提供了一套全面、系统的环境管理规范，使企业的工作环境焕然一新、井然有序，而且，还提高了员工的工作质量和作业效率。此外，企业实施“5S 管理”以后，员工的精神面貌得到了很大改观，保持了积极的心态，增强了自律精神，从而提升了企业形象及竞争力。

开展“5S”管理应注意的要点

企业实施 5S 管理的关键，是企业的各级管理者与员工能够共同参与；同时，还要掌握相应的工作方法、工作技巧等，建立配套的奖罚措施。5S 管理在企业的成功推行，首先要使班组长和员工正确和全面地理解 5S 的基本概念，这是企业能否顺利推行 5S 活动的基础；此外，在具体实施的过程中，要处理好整理、整顿、清扫、清洁、素养 5 个过程，掌握各个步骤的实施要点。

在推行 5S 管理的过程中，如果班组长把管理带来的好处展示给员

工，使大家由困惑变为主动，从而使5S管理在全厂深入开展起来，就能获得很好的效应。

企业管理的任何变革，最终都要落实到班组，被员工接受和认可；反之，即使这种方法再好，推行起来都会困难重重。因此，班组长要站在企业的角度，为企业着想，积极落实上级布置的5S管理，并不折不扣地带领员工去完成。班组在开展5S管理的过程中，应注意以下几点：

1. 做好宣传工作

（1）在班组推动5S管理法，要让班组成员都认同，不要加班加点去做。

（2）充分发挥口号、标语、班组内宣传栏的宣传效应，让每个员工都能明白5S推动是提高产品品质、班组形象、节约成本的一项最好的活动。

2. 定期检查

（1）每星期都要定期检查，在检查过程中，要指出哪里做得好、哪里做得还达不到要求。

（2）检查完毕后，要召开现场会议，指出问题，帮助员工研究改进的方法，并指定专人及时地跟进解决。

（3）确认问题的改进进度，并向车间领导汇报。

3. 全员参与

（1）班长、组长、卫生检查员、安全员、全体员工，要做到密切地配合。

（2）明确责任和规范，实行奖惩制度。

4. 以5S作为产品质量改进的桥梁

班组通过推行5S管理，以此来达到降低生产成本、提升产品质量的目的。

逐步实施，避免失败

生产现场通常杂乱无章，如果在现场开展5S工作，难度是比较大的，非得持之以恒不可。有些员工可能不习惯这样，就需要不断地教育、帮助员工。首先，班组长对此要充满信心，因为员工们总是希望在良好的环境中工作。但我们又看到，有些员工是在许多不良习惯的环境中长大的，还有些人有一些不良习惯，一时很难克服掉，如随地吐痰、随手扔烟头等，这些习惯已成为他生活的一部分，在下意识状态下就会发生。

因此，5S工作的推进工作，应是一步一个脚印。既要对员工进行宣传教育、培训，又要鼓励员工积极提出合理化建议，对他们的合理化建议要给予奖励。

1. 宣传教育

班组5S活动要有条不紊、有序地推进，需要对员工经常进行宣传教育；而教育不等同于简单的说教，需要班组长用行动来进行。因此，班组长首先要带头把自己的岗位打扫干净、工具摆放整齐，工作力争在当天做完。每天坚持这样做，给员工树立榜样。

班组长表率的作用比宣传的作用要大得多。只要班组长起到了表率作用，就营造了一种真正实行5S的现场氛围。

2. 从3S活动开始

班组推行5S活动之初，不要急于求成，可以先从最基本的3S，即整理、整顿、清扫开始。当完成了3S活动以后，再向清洁、自律等方面逐步地推进。在杂乱的生产现场，将设备、设施、物料、工具等进行分类和整理，是最急迫的第一步。

当现场被清理出来后，再决定放置这些物品的场所，以及保管的方

法。在此基础上，确定对这些物件如何进行管理。当然，在刚开始做的时候，也许不是那么完善，但可以对实施的过程逐步进行补充，最终达到适合现场实际情况的要求。

3. 遵守规章

推行5S活动，要教育员工遵照执行相关的规章制度，因为这不仅是5S活动的要求，同时也是班组管理工作的内容之一。有些员工对遵守规章制度不太自觉，这就需要班组长借5S活动的春风，使这些员工克服这些缺点，提高遵守规章制度的自觉性。我们可以从以下几方面对员工提出要求：

（1）对承担的工作要有始有终。

（2）员工都应该知道现场物品使用和返回的方法以及有关规定，并要遵照执行。

（3）按时完成任务，不允许拖延时间。

（4）要定期检查作业现场、设备、部件的清洁状态。

（5）作业现场的配置，要被所有员工明确。

4. 制订规则

一些员工总喜欢以各种借口，有意或无意地违反规则、规定，结果使工作受到影响。在推行5S活动中，要对这些员工进行教育，以具体的规章制度对他们进行约束和限制。

5. 做好自律

5S活动的推行，要想达到预期的效果，一定要有恒心、有毅力，坚持不懈。而恒心、毅力的养成，是通过自律才能实现的。实施5S活动，首先要求员工自律，克服以前的不良习惯，扎扎实实地做好整理、整顿、清扫、清洁各项工作。在工作时，要穿工作服，并保持洁净。在待人接物方面，要诚恳、有礼貌；要爱护公物，使用公用物品后，要立即归位。不随便朝地上吐痰、不乱扔杂物等。员工如果按照5S活动的要求来约束自己，养成良好的习惯，就会感到工作舒心愉快，现场的工作效率就会大大提高。

员工坚持搞好“自律”，具体可以从下面几方面着手：

（1）自觉养成良好的习惯，遵守工厂的规则和礼仪规定。

（2）经常进行整理、整顿、清扫，以保持清洁的状态。

（3）根据生产进度，制定作业指导书、手册，并经常进行对照检查。

（4）根据现场的实际情况，使全体员工对规则予以确认。

（5）明确整理、整顿、清扫、清洁状态的标准。

（6）努力养成遵守作业指导书、手册和规则的习惯。

员工自律是决定5S活动能否产生效果的关键，因此必须加以重视。

员工5S活动自律检查表

日期	岗位	检查者	工序	检查项目	检查结果	对策和改进方案（期限）	备注

工具分类，有条不紊

工具分类摆放好，是生产现场5S活动的重要内容之一，因此，班组应制定好相关规定和分类标准，员工依照标准要求，一丝不苟地将现场工具进行分类，然后归类摆放好，以便需要使用时方便领取。

（1）工具分类方法。

①按照操作者使用的频率。

A. 每件。

B. 每班。

C. 每月。

②就近原则放置。

A. 每班使用的，放在工作台下面和设备旁边。

B. 每件产品都需要的，放在操作者使用的地方。

C. 公共区域。

D. 库房。

节省现场空间，减少取放的频次。

（2）工具放置原则。

放置工具的地方如何才合适，最好和使用者一起决定，不要因为追求形式而放置不适当，最好是放置在便于找到、取出和放回工具的地方。另外，最好在员工取用时减少不必要的动作，如弯腰、转身、寻找、打开盒子、检查标签等。

在放置工具的地方，要做好明确的标志，如用颜色进行区分，或用轮廓线确定位置和方向，用标签说明工具的名称、规格等。

（3）将这些要求进行标准化，写入操作规范。

（4）定期检查和擦拭工具，并及时对工具进行维修和更换。

（5）未使用的工具、治具等，应放置在工具架上，以备取用。

（6）工具盒中的物品，要与明细清单吻合。

（7）所有的工具收回后要锁好，并有专人管理。

（8）工具分类摆放原则。

①定量。盒装的工具，定好数量，每一只盒子里摆放的工具数量都应一样。

②定点。分类物品的摆放要定点，这样容易管理，员工在使用时也方便取用。

③定容。有些工具虽有盒子盛放，但也应对容量进行标准化，便于

管理取用。

④整理。把每样工具都整理好，不用的就处理掉，常用的或不常用的要区分开来。

⑤目视化。对分类摆放工具的现场布局要一目了然，便于管理和取用。

（9）工具分类放置注意事项。

①作业岗位不能放置不必要的工具。

②装配机械的设备上不能放置多余物品。

③作业工具分类放置应方便取用。

④工具架上长期不使用的工具、模具等，应和经常使用的物品区分开来。

⑤测量工具的放置处，不要有其他物品放置。

⑥工具、治具、消耗品、计测器等，应在指定的标志场所按水平直角放置。

库房整洁，清清爽爽

班组在生产现场通常都设有小型库房，用以摆放和储存现场所需的物料，有些班组还设有专职保管员进行管理。因此，它是生产现场管理中的一个重要环节。优良的库房管理，能对现场所需的物料实施有效的保管和养护，并进行准确的数量控制，从而大大减少断料或缺料的风险。

在现场开展5S活动时，库房无疑是重要的整理和整顿的场所。库房保管在物料入库时，要把好验收关，对物料的质量、数量、包装进行验收。此外，还要分类摆放好，方便统计和取用。库房的内外环境，要经常打扫。在开展5S活动中，库房作为活动的重点之处，应成立5S小组，这样，才能保证5S活动的顺利进行，并且不断改进。

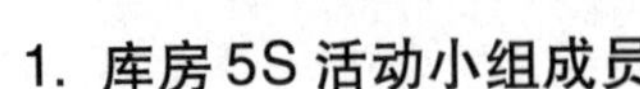

1. 库房5S活动小组成员

（1）组长。

应由班组长兼任。

（2）副组长。

由库房负责人担任。

（3）组员。

由保管员担任。

（4）职责。

①执行库房5S小组的管理规定。

②对本组的员工进行5S培训。

③对库房的5S活动状况进行检查。

④每月依据检查结果，对库房员工的5S执行情况打分。

⑤库房若有与5S标准不符的情况，及时给出改进措施并付诸行动。

2. 库房5S管理目标

（1）两个“整齐”。

①库容整齐。

②堆放整齐。

（2）三个“清晰”。

①质量清晰。

②数量清晰。

③规格清晰。

（3）三个“整洁”。

①货物整洁。

②货架整洁。

③地面整洁。

（4）三个“一致”。

①账目一致。

②物品一致。

③卡片一致。

（5）四个“定位”。

①“架”定位。

②“位”定位。

③“层”定位。

④“区”定位。

3. 标准

（1）物料摆放区域与标志。

①物料摆放区域划分要清晰，摆放区域名称、责任人要明确标识。

②码放在高层库位的托盘，要在其右下角贴上该库位的库位号。

③外包装箱上的标识必须清晰、牢固，标识中的零件名称、规格、数量，必须与箱内的实物一致。

④货架上的区域号码应准确、牢固。

（2）整理。

①在高库位的货架上，不许存在飘挂物。

②货架上的货物放置，应遵从如下原则：

A. 同一类型或同一项目的货物，要集中放置。

B. 货物重量按照由重到轻的次序摆放。

C. 货物的取用频次，应由多到少。

③破损的物料包装，应及时予以修补或更换。

④货架上的托盘中，除存储物品外，不得有任何杂物。

⑤物料摆放区域内，不得存放非本区域的货物。

⑥库房桌面、操作台面上，只许放置加工单、笔、计算工具、电子秤等工作用品；严禁放置废品、帽子、手套、笔筒等非工作物品。

⑦消防通道或库房区域内无障碍物、无杂物。

（3）整顿。

①车辆在库房的指定位置停放时，必须方向一致、姿态一致。

②车辆不得在没有使用者的情况下，停放在非指定的任何位置上。

③各层货架上的物料都要码放整齐，不许斜着码放。

④发料标志上应注明发放的零件号、数量、发料人、发料时间等。

⑤货架上的货物所占用的托盘，必须平行、同向码放，不得歪斜排列。

⑥对于码放在托盘上的货物，原则上不允许超出托盘。

⑦同一托盘中的同一种货物，要码放在一起。

⑧货物包装不得敞口放置，已经拆开使用的包装必须封住。

（4）清扫。

①消防器材整齐洁净。

②存储的货物无灰尘、无水渍。

③地面无散落的零件及废纸、包装物、胶带等垃圾。

（5）清洁。

①现场的各类工具必须定位、定人管理，并按时清洁保养。

②电动叉车须按照规定进行点检。

③文件、单据必须分类清晰，文字填写要清楚，资料要整洁。

（6）素养。

①遵守《操作员工手册》的各项规章制度。

②穿戴工作服、工作帽要整齐，须符合要求。

③注意节电、节水。

4. 库房5S检查办法

（1）5S活动小组定期对库房的5S运作情况进行全面检查。

（2）检查完毕后，应公布检查结果。

（3）员工就出现的问题，给出改进的措施和时间。

（4）班组长依据检查表对库房进行抽查，并记录抽查结果。

做好三大管理，实现企业战略目标

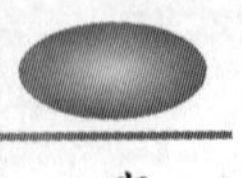

第一节 设备管理，要制度化、标准化

设备操作管理，应有章可循

班组为了保证生产设备正常安全运行，使其技术状况保持完好，应对操作进行管理，并编制相关的管理规定和章程。设备操作人员要懂得设备的性能、结构、原理、用途，要有丰富的操作经验。同时，还要会维护保养，会排除一般故障，做到管用结合，合理使用设备。

设备操作人员结合生产进度，利用生产间隙，安排好设备的维护保养，避免失修失保养或不修不保养，应使设备保持良好的状况，以便能随时投入使用。

1. 设备人员应具备的条件

（1）员工必须经过设备操作的技术培训，并取得该设备的操作合格证，持证上岗。

（2）操作者应会操作、会保养、会维护、会排除一般故障；应知道设备性能、知道设备结构、知道设备安全保护原理。

（3）操作者应掌握设备的润滑知识，按照操作规程做好设备润滑工作，同时加强对设备润滑部位的日常检查。

（4）操作者应做到严格执行操作规程、严格执行巡回检查制度、严格执行岗位责任制、严格执行交接班制度、严格执行要害场所管理制度。

（5）操作者在操作设备时，应全力以赴精心操作。当发现异常问题时，应立即停机进行检查。

2. 交接班制度

班组设备能否正常运作，对生产现场影响很大，因此，必须制订设备交接班制度，对设备的操作和维修实行严格管理。操作人员在交接班时，应与日常设备检查结合起来，进行交接班设备检查，主要内容如下：

（1）员工在接班时，应对交班人的职责履行情况进行检查。

（2）交接班人员应共同对设备的各仪表指示数据，各运转部位温度，各润滑部位油位、油量进行察看，再进行交接。

（3）交接班人员应共同对设备各部位的紧固程度、振动情况、声响情况等状况，进行检查。

（4）交班人应对接班人是否违反操作规程等进行检查。

（5）交接班人员应共同试验安全保护装置等是否灵敏可靠。

（6）交接班人员应共同对设备卫生、环境卫生等方面进行检查，当一切都合乎要求后，方可交接。

（7）交接班人员应共同对现场所存放的工具、器具、材料、防灭火设施等进行检查。

接班人如发现存在问题或隐患，必须及时解决，或报告班组长。应做到存在的问题不解决不交接，否则，将追究交接班双方的责任。

3. 现场工作环境良好

（1）生产现场的设备，应根据设备使用和维护的要求，配备安全保护装置，并确保其灵敏可靠。

（2）生产现场的设备工作环境应搞好卫生，使其保持整洁；并应搞好设备卫生，创造整洁、通畅的设备运行环境。

（3）有些设备所配置的监测仪表、诊断仪器等，必须保管好，并提供必要的检修场所。同时，对监测仪表、诊断仪器定期校验，确保准确可靠。

4. 建立设备的操作规程和岗位责任制

生产现场应根据设备性能、结构、工作原理等，建立完善的岗位责任制、操作规程，操作规程和岗位责任制应包括以下内容：

（1）设备操作过程注意事项。

（2）设备操作过程的记录填写要求。

（3）设备的主要性能和最大允许负荷规定。

（4）正确的操作方法和操作步骤注意事项。

（5）操作者和维修者应遵守的规章制度和相关规定。

（6）操作者和维修者应具备的基本素质。

（7）设备的润滑、维护保养、清扫、检查方法等基本要求。

5. 设备与人身的安全注意事项

（1）定期养护。

操作人应定期对设备进行维护和检查，确保设备完好运行；并搞好设备及环境卫生，确保设备和环境整洁干净。

（2）设备包机制度。

生产现场的设备，应建立设备包机制度，即每台设备都包机到人，把责任明确落实到人，包机者必须按照规程规定去操作和使用设备。

6. 设备安全运行制度

（1）根据设备的负荷情况，及时调整设备运行方式，减少设备的空载损耗。

（2）对大型固定设备，应尽可能使它们的工况点在高效区运行；通过测试，发现设备本身和系统工况点不在高效区运行时，应及时安排专人进行检查和检修。

（3）现场的固定设备，应根据设备的额定负荷确定其运行负荷，不可使设备在长期超载的情况下运行。

（4）采掘设备应在规定的额定值下运行；完善电机综合保护装置，确保其安全可靠，防止设备损坏或其他事故发生。

设备故障管理，要有操作性

生产现场设备技术状态管理的重要内容之一，即设备的故障管理。设备故障管理是对故障原因、程度、发生时间、部位、现象、频率等因素，进行全面有效的控制、监督，并予以分析和研究，采取相应的对策，以消除设备故障。

搞好故障管理，能够排除设备存在的隐患和故障征兆，使故障和故障率得到有效控制，保持良好的设备正常运转状态，以降低修理费用和故障停机率，提高设备的有效利用率和保证安全生产。

1. 完善故障记录制度

故障记录是实现故障管理的基础资料，又是进行故障分析、处理的原始依据。记录必须完备正确。车间机械员（技师）按月统计分析，报送设备动力管理部门。

2. 故障的统计与分析

现场有关人员，应通过对设备故障数据的统计、整理和分析，计算出设备的故障频率，以及平均故障间隔期等，分析设备的故障动态、重点故障理由等原因，找出设备故障的发生规律，突出重点采取对策。然后，整理分析故障的相关资料，反馈到有关部门，以便制订设备改善措施和计划。

3. 控制故障的维修工作

根据故障的相关记录和分析资料，班组应及时安排日常维修。在平时，应做到防备在前，以控制和减少故障的发生。对某些故障征兆和隐

患，如果班组日常维修有困难的，则反馈给上级部门，另行安排计划进行维修。

4. 统计分析图表

班组应根据统计整理出的资料，绘出一份周详的统计分析图表，这样，既有利于对各类型设备所发生故障的情况进行把握，又能在确定维修对策时有明确目标。

5. 宣传教育工作

班组长应在各种场合或大小会议上，宣传有关设备的操作、维护等规章制度，告诫员工正确行使和精心维护设备，并认真地记录、统计和分析设备故障情况。

6. 采取不同的对策

当发现设备出现异常征兆时，应及时采取调整与排除措施，保证生产现场的设备始终处于安全、良好的状态。操作人在使用设备的间隙时间内，应对设备进行必要的整修。对已磨损的零部件，应采用改装、替换等措施。

7. 对设备进行检测

有条件的话，生产现场可以采用监测仪器和相应的诊断技术，对一些设备进行有计划的监测。这样，就能及时发现故障的征兆。如无此条件，可安排专人对设备进行定期检查、日常点检、巡回检查等，检查的重点应放在那些容易引起故障的部位、机构、零件的技术状况，以及异常征象的信息。同时，要制定检查标准，确定专人负责。

8. 制作程序图表

班组应把设备常见的故障排除方法和分析步骤等，汇编成故障查找程序图表，以便员工在故障发生后，能迅速找出故障部位与理由，并及时进行故障排除和修复。

9. 掌握设备的知识和技能

班组还应经常举办培训班，使操作员工得到培训，掌握排除设备故障的知识和技能。

设备故障管理程序图表

积累故障的原始资料	建立主要生产设备的单台故障记录簿，记录故障发生的时间、停歇时间、故障情况及排除方法、修理者等情况。经过长时间的积累，对于设备容易发生哪些故障、现状如何、今后还可能发生什么故障等情况就比较清楚
故障统计	通过故障记录簿的记录，月末对各台设备的停歇次数、停歇时间、多发性故障、重复性故障等情况进行统计、归纳、汇总，从中找出应进行故障分析的设备
故障分析	对故障停歇时间长（故障强度大或维修性差）、故障频率高（可靠性差或解决不力）的设备（具体停歇时间和次数的分析界限由本单位根据情况自定），尤其是重复性故障和多发性故障，由机械员会同维修队（组）长进行分析，分析出故障的性质及真实原因。对于涉及面广或是分析不透彻的故障问题，提到技术（业务）组的故障分析会上研究解决
计划处理	通过分析找到发生故障的真实原因，进行针对性的计划处理。如对操作、工艺、设备选型不合理造成的故障，用“故障管理工作反馈单”传递给有关单位，要求限期解决并予以考试；对失去修理价值的设备，则提请报废，进行状态更新；对需要解决润滑、备件，需加强改善管理或需要改善性修理的设备，则填写“故障管理工作委托（或指令）通知单”，注明要求解决的内容和时间，送交有关单位；对于维修不当或失修的设备，分别不同情况予以落实修理级别与时间
计划实施	根据计划处理阶段排定的工作内容、措施、要求、时间等落实到有关单位或个人，按计划予以实施
效果检查	对实施的质量及效果由专人检查和评定
反馈	有两种反馈，一种是由于上次分析的结论不正确，因而造成采取的措施不力，势必在生产过程中又自然地重复出现以前分析过的故障，这叫“自然反馈”。还有一种是在分析和实施过程中就意识到了所采取的措施不彻底，但由于受到时间、物资、技术等条件的限制又不得不这样做，意识到今后难免不再发生同类的故障，这叫“意识反馈”

设备良好，在于巡检和点检

设备点检管理制度作为一项科学的管理方法，在生产现场推行，可以有效地避免生产设备在使用过程中所出现的缺油、松动、短路、断路、积尘等常见故障的发生。点检是预防性检查，它利用员工视、触、听、嗅、味等感觉，以及简单的工具、仪器等，按照预先所设定的方法标准，定点定周期对设备的确定部位进行检查，找出设备的隐患和潜在缺陷，把设备的隐患和故障消灭在萌芽状态，既提高了设备的运行效率，也延长了设备的使用寿命。实践证明，设备点检是一种科学的管理方法，是对生产现场的现代化管理的有效手段。

1. 点检与传统设备检查的区别

设备点检是现代企业的一种科学的管理方法，而传统的设备检查，只是一种对设备的检查方法。具体区别如下：

（1）定量。

在点检作业中，应把设备故障诊断和倾向性管理结合起来，将能够量化的设备运行数据，进行劣化倾向的定量化管理，为设备预知维修提供依据。

（2）定人。

点检作业管理的核心，是在事先划分点检作业区，并确定和安排专职点检员，对点检作业区内的设备进行点检。定人、定区、定设备，保持人员的相对固定。在一个点检作业区，通常要安排两人以上，实行常白班工作制。对于点检员的素质要求如下：

①点检员应将点检作业与管理、协调业务相结合。

②点检员应具有一定的维修技术、组织协调及管理技能。

③点检员应具备一定的设备管理知识，并有一定的实践经验。

（3）定点。

①明确点检部位。

②点检作业区应有必要的办公条件，以及完善的通信、交通工具。

（4）定周期。

点检员应对设备点检部位预先设定点检周期。在经验积累的基础上，再不断修改完善和补充，以寻求最佳点检项目，以及点检周期。

（5）定记录。

备好点检信息记录，记录应有固定的格式，为点检业务的信息传递提供原始数据。

（6）定标准。

制订点检标准，以此为衡量和判断点检部位是否正常的依据，也是判断点检部位是否劣化的尺度。

（7）定点检计划。

按照点检部位和点检周期，编制一份点检计划表。

（8）定点检业务流程。

点检业务流程，是对点检作业和点检结果的处理对策，它规定了点检结果的处理程序。对于急需处理的故障隐患，应由点检员通知检修人员进场处理；而对那些不需紧急处理的隐患，应做好记录，并做好计划。它简化了设备维修管理的繁琐手续，具有应急反应快的优点。

2. 点检的内容、种类、周期

（1）传统设备的检查形式。

①事后检查。当生产现场的设备突发故障后，传统的检查是采取对应性检查形式，以恢复设备性能，缺乏固定的检查内容、检查人员和检查周期。

②计划检查。在企业的设备检修中，有预先设定的检查周期和项目，一般由技术人员提出计划，由检修人员实施，它包括事前检查和部件的解体检查。

③巡回检查。在巡回检查之前，对设备预先设定要检查的部位，以此保证设备正常运转，消除运行中的缺陷和隐患。

④特殊检查。有些设备精度的定期检查、液压油的品质检查等，属于有特殊要求的设备检查。

⑤法定检查。按照国家法规所规定的检查。

（2）点检的种类。

①按照周期和业务范围分类。

A. 日常点检。在设备运行中，由运行方完成。

B. 定期点检。由专职点检员完成。

C. 精密点检。由专职点检员完成。

②按照目的分类。

A. 倾向点检。

a. 劣化倾向类。

b. 突发故障类。

c. 更换周期类。

B. 劣化点检。

a. 劣化程度类。

b. 性能降低类。

c. 修理判断类。

③按照是否解体分类。

A. 解体点检。

B. 非解体点检。

3. 点检的12个环节

（1）定人。

明确运行方、点检方、点检部位。

（2）定点。

定点是为了科学地确定设备的维护点的数量，通常包括：转动、传动、滑动、负荷支撑部位、原材料接触部位、易腐蚀部位等6个部位。对设备的6个部位经常进行点检，可以及时发现故障。

（3）定项。

确定维护点的检查项目。

（4）定标。

采用量化标准，制订每个维护点的标准。

（5）定期。

确定检查周期，定期对设备进行检查。

（6）定法。

确定检查方法。采用人工观察或采用工具测量方法，进行检查。

（7）检查。

点检时，是否停机检查或解体检查，应予以明确。

（8）处理。

是采用及时处理或调整、延期处理的方法，应予以确定。

（9）记录。

点检员应按照规定格式，对点检的过程进行详细记录，包括检查时间、检查数据、判定印象处理意见、签名等。

（10）定期分析检查记录。

系统分析和处理检查记录，对于故障率高的设备维护点，应提出处理意见。

（11）改进。

根据分析结果及处理意见，对点检的标准进行修订。

（12）评价。

判定点检绩效，应根据设备管理指标的变化趋势。

4. 点检的6点要求

点检员既要定期对设备进行检查，又要担负设备管理的管理职能，工作十分重要。通常来说，对点检工作有以下几点要求。

（1）定人改进。

点检的全过程，要有专人负责，保证点检工作的连续性和系统性。

（2）定点记录。

通过定点记录，可以积累数据，发现规律性的、系统性的故障。

（3）定标处理。

点检员要按照标准对维护点进行维护，达不到标准的维护点，要注出明显记号，并加以重点关注。

（4）定期分析。

对于点检记录，点检员要逐月予以分析。对于重点设备，点检员要每一个定修周期分析一次；每季度对检查和处理结果，应予以汇总整理，以备以后检查。此外，每年要系统地进行总结分析，找出其中规律性、系统性的故障，并分析其原因，提出技改计划。同时，应根据维护点年发生故障频率修订点检周期等，以提高工作效率。

（5）定项设计。

班组应通过技术改造，予以排除系统性因素所导致的故障，而不仅仅是简单修理。

（6）系统总结。

对上一阶段的点检工作进行系统总结，从中找出经验和不足，以利于下一阶段的工作开展。

5. 点检内容

（1）设备各转动部位转动是否灵活，有无堵转等现象，润滑是否良好。

（2）设备各部件气压是否在规定范围之内，气路接头有无漏气现象及松动现象。

（3）设备各种指示灯的指示及各类表计读数，是否正常。

（4）每日开机前，应检查设备各类紧固件，有无松动现象。

（5）设备上的水管及接头，有无漏水现象。

（6）设备有无漏油、温度过高等情况。

（7）设备是否有跑、冒、滴、漏等异常现象。

（8）设备不用或下班后，是否已经停机，是否关闭总电源；房间电灯、气阀门、水阀门等是否已经关闭。

生产现场的设备管理，除了点检以外，还应对设备进行巡检。通过经常性的巡检，能够使设备的技术状态和运行状态保持良好的状态。

以下是巡检须注意的方面：

1. 设备日常巡检与设备定期点检的区别

（1）设备巡检。

它是按设备的部位、内容进行的一种粗略巡视方式，实际上，它也是一种不定量的运行管理方式，对生产现场分散布置的设备，采用这种检查方式比较合适。

（2）设备点检。

点检管理是点检员在全面掌握设备的各种状况后，及时发现设备隐患，实现预知性检修。

2. 设备巡检的基本特点

（1）巡检人员。

当需要巡检时，班组长临时抽调某位员工，对现场某区域的设备进行巡检。当巡检结束后，即返回原岗位。

（2）确定设备劣化量。

巡检时，要把设备技术诊断与管理结合起来，进行设备劣化的定量化管理，测定设备劣化的速度，以达到预知维修的目的，使现代设备技术和科学管理方法统一起来。

（3）确定检查设备故障点。

在巡检之前，就要确定需巡检的设备项目、部位，使巡检人员有目

的、有方向地进行设备巡检。

(4) 巡检时间。

根据设备的完好率、故障等，临时确定巡检的时间。

(5) 检查标准。

巡检的检查标准，是以设备的各部位是否正常为依据，也是判别该部位是否劣化的尺度。

要想设备运行好，保养少不了

对设备的定期维护保养工作，要制定相关的制度和规程。在对现场设备的管理中，员工应按照规程对设备进行维护，坚持执行设备维护规程，可以延长设备使用寿命，使员工有一个安全、舒适的工作环境。设备的维护保养，通常采用清扫、润滑、擦拭和调整等方法对设备进行护理，以维持和保护设备的性能和技术状况。

1. 设备维护保养的要求

(1) 清洁。

生产现场的设备内外要整洁，丝杠、齿条、齿轮箱、滑动面、油孔等处应没有油污，设备的各部位不漏油、不漏气；设备周围的杂物、切屑等，都要清扫干净。

(2) 整齐。

现场的工具、工件以及附件等，应放置整齐，管道、线路的布设，要有条理。

(3) 润滑良好。

按时对设备加油、换油，要做到使设备不断油；设备的油压要正常，油标要明亮，油路要畅通；油枪、油杯和油毡要清洁，油质要符合要求。

（4）安全。

设备性能良好，保证了安全运转。

2. 设备的维护保养内容

（1）定期检查。

（2）定期维护。

（3）日常维护。

（4）精度检查。

（5）冷却系统维护。

（6）设备润滑。

3. 三级保养制

在设备保养上，实行三级保养制度，体现了设备由修理向保养的转变，是设备维修管理的一种进步。

（1）设备的日常维护保养。

（2）一级保养。

（3）二级保养。

对设备进行以保为主、保修并重的三级保养制，是以操作者为主的一种强制性维修制度，是搞好设备维护保养的一种有效办法。

4. 设备的使用维护

（1）定检修人员。

在设备较多的生产现场，根据班组的条件，可组织专业维修人员或修理组，专门负责对设备的检查、维护和修理。

（2）定使用人员。

班组应选择责任心强、技术水平高和经验丰富的员工，专职对设备进行维护，并保持较长时间的相对稳定。

（3）定备品配件。

现场库房应储放设备的零、配件，当设备突发故障时，可以应急解决。

（4）定操作规程。

应分机型逐台制定操作规程，员工按照规程进行操作。

5. 精密设备使用维护要求

（1）在安装此类设备时，应按照说明书进行。

（2）对恒温、恒湿、防震、防尘等有特殊要求的设备，班组应采取相应措施，确保设备有合格的精度性能。

（3）在日常维护和保养设备时，不应拆卸零部件；当发现设备运转出现异常时，应立即停车，不允许设备带病运转。

（4）设备在非工作时间时，应加护罩；如果长时间停歇，应定期进行擦拭、润滑、空运转。

（5）设备的附件和专用工具，应放置在专用柜架上，并保持清洁，防止受到损伤。

6. 动力设备的使用维护要求

生产现场的设备很多是动力设备，也是现场的关键设备；动力设备在运行中会产生高压、高温、易燃、有毒等，员工对动力设备的使用维护，应严格注意：

（1）操作此类设备的人员，必须经过培训，且考试合格。

（2）在操作之前，应检查该设备是否有完整的技术资料、运行记录、安全运行技术规程。

（3）操作人员应随时对设备进行巡回检查，不得随意离开工作岗位。

（4）在操作设备的过程中，如果发生不正常的情况时，员工应根据操作规程紧急处理，并及时报告上级。

（5）在操作时，应保证各种指示仪表和安全装置灵敏准确，定期进行校验。

（6）对设备应定期进行预防性试验，以及季节性检查。

（7）备用设备要齐全。

（8）动力设备不得带病运转，任何一处发生故障都必须及时消除。

（9）班组应经常对员工进行安全教育，严格执行安全生产制度。

7. 设备的区域维护

生产现场的员工应对设备做好巡回检查、定期维护、日常维护、计划修理、故障排除等工作，并对管区内的故障停机率、设备完好率等进行考核。班组只有搞好设备的区域维修，才能做好设备的保养工作。

（1）区域维护小组的工作任务。

有条件的班组，可以在生产现场组成区域维护组，它是设备专业维护的一种组织形式，全面负责生产区域的设备维护保养和应急修理工作，其工作任务如下：

①负责本区域内设备的维护修理工作。在生产现场，组织区域维护组专业对设备进行维护，确保完成设备完好率、故障停机率等达到既定的指标。

②执行设备定期点检和区域巡回检查制。由于区域维护小组是专业维护，因此，它可以指导和督促设备操作工人做好日常维护和定期维护工作。

③开展其他工作。区域维护小组在专职机械员（技师）的指导下，参加设备精度检查、设备状况普查、调整、治“漏”、故障分析、状态监测等，开展一系列的设备维护工作。

（2）区域维护小组的优点。

①在完成应急维护时，有高度机动性。专业维护人员可以随叫随到，当设备出现故障时，他们可以及时赶到现场，投入到维护工作中去。

②相互调动机动性强。班组生产现场范围有限，因此，在区域划分和区域间相互调动上具有灵活性。甚至，有的专业维护人员，对现场范围内所有区域的设备维护都能从容应对。

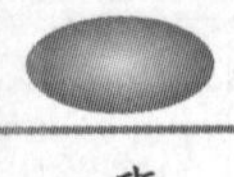

第二节 物料管理，减少损失和浪费

确定需求，不搞浪费

生产现场在紧张作业和施工时，每天都需要大量的物料。因此，物料是不能短缺的。通常来说，当班组接到上级的生产指令时，就开始制订物料需求计划了。在进入生产现场之前，部分物料也已经进场。而在作业和施工的过程中，会有源源不断的物料进场。

因此，现场所需要的物料是按照生产指标，结合物耗等其他因素计算出来的，然后，再根据物料的提前期，确定进入生产现场的时间。做计划时，要确定好物料的需求量，否则，会造成物料在现场大量积压，甚至被浪费掉。从这方面来看，做好物料需求的计划是十分重要的。其基本计算步骤如下：

1. 计算物料的总需求量

班组长根据生产计划展开计算，通常由3个数据整合而成。

（1）预计物料进入现场的某时间段，如一个月或一个季度等的实际需求量。

（2）参照以往的经验，该期间的预测需求量。

（3）考虑产品结构、生产计划调整后，物料需要数量的变化。

2. 确定物料实际需求量

根据物料的总需求量、可用库存量、已分配量、物料在制造过程中

的损耗率等，再计算出每种物料的净需求量。其公式如下：

（1）物料实际需求量 = 总需求量 − 库存数量

（2）物料实际需求量 = 物料需求量 ×（1 + 损耗率）

3. 批量计算

有些作业量大的生产现场，需要进入大批量的物料。在作计划时，应适当放宽数字，因为大批量物料在现场储放的时间较长、物耗较为严重。在进行“净需求量”计算时，如果过于严格，后期就可能会出现断料现象，这是得不偿失的。

4. 安全库存量、损耗率、废次品率等的计算

物料入库后，便会发生物耗现象，如损耗、废次品等。在计算时，应由相关计划人员来精确计算。

5. 下达计划单

当完成“净需求量”计算后，根据提前期生成计划单。现场物料需求计划所生成的计划单，要通过上级和相关部门确认后，才能开始正式下达计划单，发放物料。

6. 再一次计算

当物料需求量计算出来后，有些班组长为了慎重起见或者客观条件发生了变化，会再次进行计算。再次计算物料需求量，可有两种方式：

（1）对库存信息重新计算。

可对库存物料数量重新计算，同时覆盖原来计算的数据，这样，就是再次计算出来的物料需求量。

（2）相关条件发生变化时。

当物料需求计划的条件发生变化时，应再次计算物料需求量。

以上两种计算方式，都有实际应用的案例，至于选择哪一种，要看班组实际的条件和状况。

7. 填写并发出物料计划单

（1）计算人员根据相关数据填好计划单。

（2）物料进场日期，应根据采购前置期，即发出计划单到物料入库之间的时间来确定。

物料存储，安全整齐

班组在生产现场通常都有库房，以存储生产所需的物料。有些现场库房还有专职的保管员对物料进行管理。生产现场库房存储的物料，是由各种材料制成的，因此，应根据物料的材质、大小、高度、重量等，采取适当有效的存储方法，防止引起火灾、爆炸等事故。

保持库房内的通风，防止物料自燃，隔离危险物料，并做到库房整洁，节省地面及空间。当物料进库之前，先要根据库房的空间情况，制订待进物料的计划，以免过多的物料进入后库房拥挤不堪，或放置不了。

1. 物料储存目的

（1）保持通风，防止火灾，防止自燃。

（2）防止物料损坏。

（3）随时给生产工序提供物料。

2. 物料入库要摆放整齐

（1）物料在储存时，应按照物料的种类、大小、长短，整齐地堆置好，防止倒塌。

（2）存放物料的地方，应方便取用。

（3）应保留必要的通道，通道上不允许有物料、工具，保持畅通。

（4）储存物料均应集中并分类堆放，做到整齐有序。

（5）在码放货物时，每堆货物应不超过 10 层；货物在地板上和货架上码放时，应确保地板和货架有足够的强度。

（6）货物的底部4层，每层交错码放；从第5层起，每层货物的码放方向，应相互交替。

（7）当码放至第5层以上时，应每5袋货物减少码放1袋货物；这样，可使堆垛向内缩进。

（8）对码放货物的地面进行检查，发现有铁钉、尖锐物品等，应清除掉。

（9）尽量使用货架、托盘等物体码放物料。

（10）禁止在通道上装卸物料，库房行道上应保证最大车辆畅通无阻。

（11）物料码放在公共场地时，应设置防护栏，并树立警告标志。

3. 储放标准

（1）高度。

货物入库码放时，总高度一般限制在3米以下；货物码放在货架时，每层应不超过1.5米。

（2）重量。

在码放货物时，应将较重的货物码放在货架的下层，以避免在存取货物时发生意外。

（3）易碎品的储存。

易碎品货物应尽量码放在货架的下层，或装箱存放，以保证安全。

4. 储放注意事项

（1）流动性。

对于较常使用的货物，应码放在靠近接收及方便搬运的区域，以便搬运人员节省搬运时间。

（2）相似性。

经常在一起使用的物品，应码放在同一区域，以方便取用。

（3）物品大小。

在储存货物时，应按照货物的大小，给予适当的存放空间，以确保能充分利用库房空间。

（4）安全性。

在保管货物时，应以安全为第一；储放危险物品时，应考虑安全措施，以维护库房及生产现场的安全。

（5）物料在储存过程中，如发生品质问题时，应及时进行处理。

（6）物料在储存时，要注意对周围的环境进行控制，以避免物料损坏，造成不必要的损失。

（7）应定期检查物料摆放的储位是否正确，如有错误，应查找原因，并及时予以纠正。

5. 一般物料的安全储存原则

（1）物料堆放平稳。

（2）不应妨碍机械设备的操作。

（3）不应超过堆放地面的安全负荷量。

（4）标明存放的位置与通道。

（5）不应影响照明。

（6）不应妨碍消防器具的紧急使用。

（7）不应堵塞电气开关及急救设备。

（8）应设有排水设备。

（9）不应妨碍通道与出入口的畅通。

（10）不应减少自动洒水器及火警警报器的有效功能。

（11）不应依靠墙壁或结构支柱码放货物。

6. 危险物品的安全储存原则

（1）作业人员的安全防护。

（2）制定相应的安全规则。

（3）相关人员的安全培训。

（4）防止火灾和爆炸。

（5）危险物品的醒目标志。

（6）适当的采光。

（7）良好的通风。

（8）分类储存。

7. 油料的储存要领

（1）在油料储存处，应装置防火设备；油桶应加装静电搭铁。

（2）油料库房应采用防火建筑；油料存放地点应远离热源；通风、采光都应良好；注意气候温度的变化。

（3）露天摆放油桶，应慎防油料受污染。

（4）桶装油料的储存，应注意保持名称标志的完整，并严禁周边出现烟火。要张贴和安装禁烟标志、安全标志等。

（5）存油地点应保持清洁，不得有油料泼洒在地上。

（6）应将各项油料进行分装，装罐设备如不使用，应存于安全场所；固定式分装设备及活动式分装设备所用的容器管嘴、喷枪等，都应该分别标明专供何种油料使用，不应任意使用，以防止不同油料混合时，可能发生化学反应及产生危险。

（7）不应将高压气体与油料存放在同一个库房内。

8. 气体钢瓶储存

（1）气体钢瓶不应与电线接触。

（2）已用完气体的钢瓶在存储时，应将阀门关紧。

（3）氧气瓶不得与乙炔气瓶放在一起。

（4）气体钢瓶露天存放时，应避免太阳直射。

（5）气体钢瓶在存放时，应注意瓶上标明气体名称的标签不得遗落、损坏。

（6）气体钢瓶的储存位置应远离火源，如果在室内存放时，附近不应有火炉、易燃物品、散热器等。

（7）不得将任何工具、材料放置于气体钢瓶上，临时放置也不可以。

（8）应将气体钢瓶妥为放置，防止钢瓶倾倒，不应存放在门口处。

（9）气体钢瓶已接通管子的，在使用时，阀门盖子不得随意放置，以防遗失。

9. 安全管理规定

（1）库房内应严禁吸烟和使用明火。

（2）非库房人员，未经仓库工作人员允许，不可进入仓库。

（3）库房应有应急出口。

（4）库房应配备足够的消防器材，如消防栓、灭火器等。

（5）库房管理人员需经消防培训合格后，方可上岗。

（6）库房施工需使用明火时，应报上级相关部门批准，并采取防护措施。

物料使用，管理有方

物料进入生产现场后，在使用时要严格遵照相关的管理规定，防止物料在使用过程中受到损坏或浪费。但在一些企业班组，由于生产现场规模小，所需的物料产品具有定制化、多样化、小批量等特点，对物料的领取和使用情况等就格外难以控制。这样一来，由于物料使用管理不善，而导致生产成本攀升。

如果对物料使用进行科学、完善的管理，就能为企业节约和避免经济损失。

1. 只管发料，不管去向

生产现场的员工需要领料时，先填写领料单，然后找班组长签字；班组长以不影响正常生产作业为第一原则，一般都会在领料单上签字；然后，库房也以不影响正常生产作业为第一原则，见到签字就会发料。由于领料单上通常都会注明所领材料的用途和去向，而且，这类材料的数量有限、使用范围有限，易于管理和监控。

但对于焊材一类的常用材料，库房通常控制不严，只管发料不管去向，最终造成焊材领取和使用过度浪费。

2. 只管领料，不管对错

库房通常只是按照领料单发放所领物料，并不询问所领取的物料是否一定就是所需物料；而员工常常由于领错物料或多领物料，造成不必要的损失和浪费，甚至影响生产。

3. 错领多领，任自处理

在生产现场，由于物料需求量大，错领和多领的现象很普遍，如何处理就成了问题。对于员工来说，大多会收起多余的物料，储存在班组或自己的工作箱中，作为下次需要时再用。而对于外包性质的工作人员，大多会把这些多余的物料扔弃掉，使企业蒙受损失。因此，必须对生产现场的物料进行科学、合理的管理。

4. 对物料领取严格管理

（1）严格物料领取制度，防止物料的跑、冒、滴、漏等现象发生。

（2）制定生产现场的物料消耗定额，实行限额领料和定额供料。

（3）密切注意生产节奏，及时供料，防止断档，避免生产停顿。

（4）库房在领发料时，应复查物料的质量和数量，防止差错、变质和混用。

（5）认真填写有关原料消耗的记录、台账和报表，如存货盘点清单、物料需求分析表、材料使用预算表、盘盈盘亏明细表等。

（6）及时清扫和回收散失的原材料。

（7）要防止物料在存储过程中损坏，发放物料时，应严格按照物料计划发放。

（8）发放木材、木皮等材料时，应严禁挑选。一定要根据用途，按既定等级发放。

（9）对于可利用的边角料、余料、报废零部件等，要根据情况充分加以利用。

（10）退料时，需由班组长开单，经生产部经理审批。

（11）仓库按照所退材料的性质不同，分别处理。

（12）班组应安排专人对物料的使用过程进行监控，包括使用是否合理、是否一定要用贵重材料、利用率是否达到要求，等等。

（13）应对某些物料实行以旧换新的制度，如劳保用品、生产辅料，以及一些低值易耗品等。

5. 搬运控制应注意的要点

通常情况下，搬运物料应注意以下要点：

（1）检验搬运器具。

在搬运机械设备之前，应先检验其性能或状态，当确认符合要求和标准后，方能搬运，严禁抱有侥幸心理。

（2）培训搬运人员。

为确保物料搬运人员掌握搬运的操作规程，应对其实施定期的培训。

（3）注意使用防护工具。

搬运某些危险品时，应检查搬运工是否正确使用安全防护工具，以避免安全事故的发生。

（4）不同物料的搬运要领。

对于搬运易损品、危险品及大件笨重物品等物料，搬运人员应予以重视。

①危险物料的搬运要领。危险物料主要是指存在安全隐患的物料，

如压缩气体、液化气、汽油、橡胶水、腐蚀品、放射性物品等易燃易爆物品。如果在搬运这些物品时，不慎引燃引爆，就会造成人身伤亡事故，或造成重大财产损失，所以一定要引起现场操作人员的重视。

②易损品的搬运要领。对于易损品的搬运，必须做到：

A. 小心谨慎、轻拿轻放。

B. 严禁物品挤压、翻滚、摔碰、撞击、拖拉，以及剧烈振动。

C. 严格按照包装标志装卸、码放。

③大件笨重物料的搬运要领。长度超长、体积超大、重量超重的物料，都是大件笨重物料，根据经验，搬运这类物料的最大隐患是安全，所以，库房应做好安全防护工作。如选择有关技术人员，亲临搬运现场进行指挥；选择安全性能有保证的搬运设施；根据既定步骤实施搬运，作业完成后再次确认安全性等。

④标记搬运物料。对现场物料实行标记法管理很重要，它主要是为防止搬运出错，使现场生产受到影响而使用的一种手段。如对搬运物料加以清晰标记，可保证物料准时送到指定的加工现场，有利于节约时间成本。

物料安全，注重防护

物料在储存和搬运过程中，要特别注意防护、安全，严格遵守物料储存、搬运的管理程序，防止公司物料在储存、防护、搬运上的不当而造成损失，以降低生产和库存成本。

1. 物料安全储存原则

（1）将合格的物料储存于库房里。

（2）物料的储存、防护、搬运程序，必须遵照相关的规定和要求。

（3）物料的出库，必须遵照先进先出的原则，不同的物料，必须分

开摆放。

（4）入库的物料须明确标示，库房需有储位对照表，作为物料出入库管理和寻找的依据。

（5）定期对物料进行盘点，对库存的物料数量进行有效控制。

（6）对于危险性物料，需有明显标示，并进行隔离摆放。

（7）有效利用仓储空间。

2. 储存区域划分及环境要求

（1）仓库区域划分。

①消耗品仓。

②线材仓。

③板材仓。

④零部件仓。

（2）储存条件。

物料的仓储场地，要通气、通风、阴凉、通光、干净。此外，照明设施要完善、光线要充足，避免暴露在阳光直射的处所；另外，要保持空气流通，下雨天应关闭门窗，以保证物料干燥；雨季时，要在仓库里适当地放置一些干燥剂，以防止物料受潮。

（3）应在常温常湿的环境下，储存物料。

应该对仓库储存环境的温湿进行监管控。所有敏感材料，必须用防静电屏蔽自封袋包装，或其他防静电容器储存。

（4）仓库物料储存规定。

（5）储存应遵循的原则。

①定品。

②定位。

③定量。

④防火。

⑤防水。

⑥防压。

⑦先进先出。

⑧当物料上下叠放时，要做到“上小下大、上轻下重”，呆、废料必须分开储存。

⑨为了防止物料受潮，物料应放在货架上进行隔离，严禁直接摆放在地上。

⑩不准有火种进仓，晚上下班前关好门窗、风扇。

3. 储存管理要求

（1）物料必须储存于合适的仓库储位，即定位。每个储位都应有储位对照表，便于物料找寻。

（2）物料的出入库必须在账目上反映出来，保证账目清楚，并定期进行盘点。

（3）有效利用仓储空间，最大限度地降低库存量，且满足生产需求。

（4）必须保证物料先进先出，即先入库者先出库。物料在储存中，包装及标示不得被损坏或遗失，如有被损坏，必须采取适当的补救措施。

（5）对于易燃、易爆化学药剂等危险性物料，在储存时必须有防护措施，并且必须进行隔离储存。

（6）每月的月初，应对仓库呆滞物料或超过储存期限的物料，按照程序进行处理。

（7）对于不同品质状态的物料，必须分开储存，严禁混放在一起。

（8）库房应严格管制物料的有效期，对于失效的物料或临近失效的物料，应做相应的处理。

备品备件，一样不少

在生产现场，必须库存足够数量的设备备品备件，才能保证生产的

正常进行。但同时，又不能过量储备，因为过量储备很容易造成浪费，使生产成本提高。因此，备品备件的库存管理，是一项复杂而细致的工作。其储备量最好是不多也不少，具有一定的安全储备。根据企业设备状况，结合日常的设备备品备件消耗情况等数据来确定。

对于入库的备品备件，入库建账后，就应当按照程序和有关制度认真保存、精心维护，保证备品备件库存的质量。

通过对库存备品备件的发放，使用动态信息的统计、分析，对于备品配件使用期间的消耗规律，可以弄得一清二楚。此外，还能逐步修正储备定额，合理储备备件。同时，在及时处理备品备件积压、加速资金周转方面，也有重要作用。

1. 备品备件的重要性

生产现场为了保证安全生产，以及生产的连续性，必须储备一定数量的零件、部件、材料、配件。做好备品备件的管理工作，储备必要的配件，对于设备缺陷的及时消除、事故发生的预防、加快事故的抢修，以及缩短检修时间、提高设备健康水平、保证设备的安全和经济运行，都是十分重要的。

在备品备件的入库账目管理上，可以采取软件和账本统一记账、统一管理的办法，及时记录出入库情况。此外，还应对库存的备品备件，每月进行一次小型盘存，每季度进行一次大型盘存，这样才能做到心中有数。

2. 备品备件的验收入库

（1）备品备件的验收入库，是一项很重要的工作，应做到准确、及时、全面，以保证生产所需的供应。

（2）验收入库备品备件时，如果质量和数量不符合要求，坚决不予以验收；如果数据、单据、资料、证件不齐全，也坚决不予以验收。

（3）在验收时，库房保管要坚持验收标准，做到无入库通知单不验收；物料的质量和数据不合要求，坚决不验收；资料、单据和证件不齐全，坚决不验收。

（4）物料入库时的验收工作，应在规定的时间内完成。

（5）在验收中，凡属需要复验、调试的备品备件，要及时送交有关部门进行复验、调试，并建立交接手续。

3. 备品备件入库

（1）当备品备件入库验收工作结束后，库房保管员要认真做好保管工作。入库时，要及时登记，并挂上标签，按照用途分类存放。

（2）库房应设有专职或兼职质量验收员，负责对入库的备品备件进行质量检验和验收工作。

（3）对于错发的备品备件，以及本库房借用的备品备件，不应办理入库手续。

（4）备品备件入库前，必须检验是否有质量检查部门签发的产品质量合格证，以保证入库的备品备件的质量。

（5）金属材质的备品备件入库上架时，要对其做好涂油、防锈的保养工作。

4. 备品备件保管

（1）根据备品备件不同的性能和特点，做好收、发、盘点、清洁等方面的工作。

（2）备品备件在入库时，要符合安全技术管理和规划的要求，并有利于提高仓库使用面积。

（3）对于库存的备品备件，应定期进行盘点，随时向有关人员反映备件动态。

5. 备品备件发放

（1）备品备件的发放应做到及时准确，并有依有据；对不同的备品备件，库房应拟定相应的领用办法和审批手续。

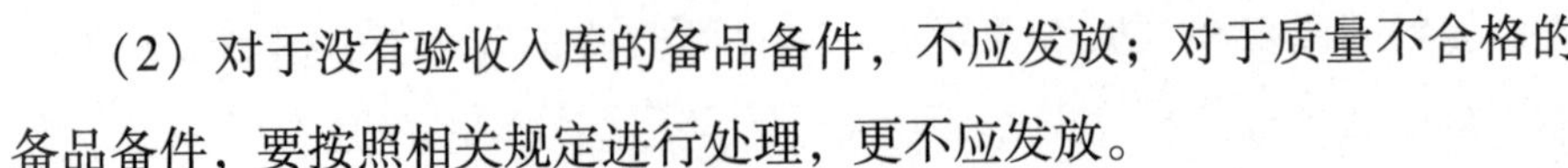

（2）对于没有验收入库的备品备件，不应发放；对于质量不合格的备品备件，要按照相关规定进行处理，更不应发放。

（3）相关的技术资料，应随备品备件同行；部分备品备件出库时，应附有抄件，原件留存。

（4）备品备件发出后，要及时予以登记、销账。

（5）对于生产现场使用过的、有回收利用价值的备品备件，要以旧换新，并制定相应的管理办法。

6. 出库管理

（1）备品备件的出库，必须在遵循流程操作的前提下，严格按照“先配货、后记卡、再出库”的原则，并同时按照“先进先出”的原则，做好备品备件的出库工作。

（2）保存出库单凭证，做好台账管理，配件出库后要及时销账。

7. 备品备件处理

（1）对已经领出的备品备件，只要符合退库要求的，可以办理退库手续，以减少损失，降低生产成本。

（2）由于生产现场的相关设备不再继续使用，该设备备品备件应按照规定及时处理。

（3）对于库存的备品备件造成废品的，要查明原因，提出防范措施和处理意见，并报请主管领导审批。

8. 减少不合理储存

备品备件不合理储存：

（1）储存时间过长。

（2）储存技术不合理。

（3）储存管理、组织不合理。

（4）储存的数量过大。

（5）储存的数量过小。

（6）储存结构失衡。

备品备件库存管理，既要能保证生产现场的正常生产，又能使库存资金得到合理压缩，获得较好的经济效果。通过加强生产现场的库存管理工作，不仅能够体现出班组的综合管理能力，有效地保证现场正常的生产活动，而且对班组的发展起到重要的推动作用。因此，生产现场要不断地加强对库存物资的管理工作，健全仓储管理的各种规章制度。

物耗管理，堵住漏洞

物耗管理是库房最重要的工作，库房必须以尽可能少的投入和优质管理，来降低库房设备、备品备件的物耗，从而降低生产成本，获得最佳的经济效益。根据相关调查，在企业所投入的各项资源中，物资消耗一般要占生产成本的70%～80%，因此，它对企业的经济效益具有举足轻重的影响。而企业的物耗，大都发生在生产现场、库房储存等处。

因此，加强物资消耗管理，降低设备、备品备件物耗，提高经济效益，已成为企业管理中的一个重要课题。当今社会，人们提倡低碳经济和低碳生活，物耗必将越来越受到人们的重视和有效控制。降低物耗，首先要控制备料。

1. 物料的备料

生产现场的库房在备料时，必须掌握备料流程图，根据流程备料，此外，还要有物料订单、清单，并对所需要物料的工序工位非常熟悉。只有掌握了上述内容，库房才能清楚每个工位用什么料，才能及时准确地把物料送到每一个工位，才不会使货仓过分积货，而生产工序也能高效率地运转起来。

2. 呆料的处理

库房中那些发不出的物料，被称之为“呆料”。库房如果呆料过多，可成立专门的呆料处理小组，把每种物料都划分呆料时间，再根据制作的呆料清单，进行评审，分析产生的原因，以及处理呆料的办法。

其实，很多库房都有呆料，所以，库房保管必须引起警惕，在采购前就要进行呆料评估，以防止进料过多。有些库房由于盲目进料，物料从进料之时，就成了呆料。只有在进料时对物料进行相关的评估，才能最大限度地防止呆料的产生。

3. 补料的处理

相反，库房有时会由于进料不足，造成物料供应紧张，从而进行补料。因而，补料也是库房经常遇到的业务之一。库房在处理补料业务时，必须向上级主管部门报告清楚补料的原因以及改善的对策，并在补料单上把这两项原因写清楚。

（1）废品分类。

从物料采购方面分：

①进口物料废品。

②国产物料废品。

从责任类型分：

①员工操作造成的废品。

②模具、设备不良造成的废品。

③外部协助不善造成的废品。

（2）处理方案。

①对于不良进口物料，在检验处判定后，保管员排查库存情况执行补料配送，中转库中如果有该物料的合格品，应直接将物料补发给库房或生产现场工位。

②对于进口物料废品，当检验处判定后，责任人应承担责任，按照相关规定进行处理，以保证正常的生产。

③员工操作不当造成废品的物料，由责任人承当责任，库房应及时补料。

④由于模具、设备等原因而造成废品的，应由设备生产厂家赔偿损失。

⑤因外部单位协助给予的原材料导致废品的，应按照所签订的协议规定进行处理。

第三节 搞好技术管理，提升生产工艺水平

生产工艺管理，内行看门道

现代企业为了快速发展的需要，通常会对工艺管理十分重视，因为工艺管理工作抓好了，产品质量和生产效率就能随之提高。工艺管理的核心，是通过技术和管理手段，实现产品的优质、高产，达到高效益的战略目标。此外，还能够提高现场工艺管理能力，使工艺管理发挥人才、设备等技术资源的优势，企业也因此提高经济效益和市场竞争力。

班组作为产品的直接生产者，提高产品质量、降低物质消耗，是其不可推卸的责任。因此，必须狠抓工艺管理，而工艺管理是技术管理的组成部分，是技术管理的核心。企业能否实现优质、高产、低耗、高效益，全在于班组是否能将工艺管理工作做好。

1. 工艺管理具体内容

工艺管理是生产技术管理的内容之一，班组要提高产品质量、降低物耗、获得更好的经济效益，就必须重视生产技术管理，尤其是要狠抓

工艺管理。所以，生产现场工艺管理，就是对生产过程的一种管理，其具体内容如下：

（1）检查、指导和监督生产现场各环节，按照工艺文件进行作业。

（2）对生产现场员工进行工艺文件要求方面的培训。

（3）督促现场的生产小组做好现场定置管理工作。

（4）及时解决现场生产中出现的各种技术问题。

（5）做好生产、物料降耗增效等方面的工作，降低生产成本，提高班组和企业的经济效益。

2. 工艺控制

生产现场的工艺管理，是一项系统工程，这是因为现场工艺控制了将原材料、半成品转变为成品的全过程，对制造技术工作实施科学的组织和指挥。此外，据现场工艺对制造、检测、设计等生产控制技术，不断地予以解决及改进，使现场工艺贯穿于小批量、批量、样机等生产的各个环节。

在生产现场，只有配套合理的设备和设施，才能形成最大的生产能力。现场使用一定的设备和工艺装备，对零件进行加工，而在工艺过程控制中，对量具、模具、夹具、刃具、工位器具等工艺装备的设计、制造、使用和管理等一整套技术，有很多技术含量。也就是说，把员工难以掌握的具有较高技术含量的技艺，转移到工艺装备中去，使技术等级较低的员工在操作时，通过使用工艺装备，能够生产出较高精度的工件来。

如果转移到工艺装备上去的技术越多，制造调整得越精确，那么，对操作者的技术要求就越低；同时，操作时间少，节约了能源，降低了消耗，加工精度也高了，这样一来，使生产率大大提高了，生产成本也大大降低了。

3. 不可替代的现场指导作用

在生产调度、工艺资源匹配方面，对操作者的工艺分析、质量控制、设备工具使用、提高加工效率，现场工艺的指导作用都是不可替代的。

（1）合理安排人员。

①避免高能低用或滥竽充数。

②使人尽其才。

（2）合理使用设备。

（3）提高操作技能。

现场工艺能够帮助员工提高操作技能，指导员工对产品加工过程、方法、特性进行掌握，以及对关键尺寸的控制；熟悉设备、设施的特点和扩大使用范围。如：

①改变切削用量，提高切削速度。

②加大进给量和切深。

③缩短工作行程。

④减少辅助时间。

（4）采用新技术加工。如：

①多刀具加工。

②多刃具加工。

③成形加工。

④多件加工。

⑤自制专用工具加工。

员工采用这些新技术、新方法操作后，优化了工艺参数，提高了加工生产率。

4. 建立良好的工艺秩序

现场以全部技术文件和工艺管理程序，确定了应遵守的纪律，从而建立了良好的工艺秩序。包括：

（1）工艺技术文件的正确、齐全。

（2）工艺规程的统一贯彻。

（3）工装设计与管理。

（4）工艺发展规划的完善。

（5）工艺试验的进行。

生产现场严肃的工艺纪律的建立，其目的是保证现场工艺管理工作顺利有序地进行，否则，现场工艺管理工作的效果就会大打折扣。

5. 工艺卫生

在现场工艺管理过程中，由于推行产品的清洁度标准，工艺装备、工位器具的清洁度也随之提高，工艺环境得到了优化，员工加强了工艺卫生教育，使生产现场保持了整洁。

6. 开发人才智力

实施现场工艺管理，使技术培训与生产紧密结合起来，员工的知识得到了更新，技能得到了提高，从而加快了工艺操作技术的人力开发。

工艺管理是企业发展的助推器，而生产现场工艺则是班组生产优质、高效的催化剂。因为它是生产、技术和质量三位一体的同步管理，缩短了工艺设计、实施和员工之间的距离，对工艺实行创新、解决技术难关、实现生产纲领，起着至关重要的作用。因此，现场工艺管理的经济价值是难以估算的。

技术创新，突破陈规

在一些员工看来，所谓技术创新，就是指最新产品、最新服务或最新业务，认为这是企业技术部门的事。所以，这些员工对于技术创新无动于衷，即使跟在别人后面搞技术创新，也无从下手。其实，真正意义上的技术创新，应该对现有工作流程、工作方法进行革新，将已有的技术进行应用创新，或开发新技术。

班组开展技术创新是有条件的，因为员工对产品、工艺管理比较熟悉，哪方面有缺陷、有不足，都会心中有数，只要善于学习，大胆实践，就能够把技术创新这面大旗扛起来。通常来说，技术创新活动有以下几种形式：

（1）工艺创新。

班组组织员工通过研究和运用新的生产技术、操作程序和方式方法，改善或变革产品的生产技术及流程等，提高现场的生产技术水平、产品质量、生产效率。工艺创新的过程通常分为两个阶段：

①工艺研发阶段。

②由研发环节转移或导入制造环节阶段。

（2）产品创新。

企业通过生产新产品或提供一种产品的新质量，改善或创造产品，进一步满足顾客需求或开拓新的市场。

（3）管理创新。

企业通过改善或创造更好的组织环境和制度，实行新的企业组织方式或管理方法，使企业的各项活动更有效。

（4）市场创新。

在一些服务型单位，基层班组也可以组织员工开展市场创新活动。在了解顾客消费需求的基础上，员工们运用先进的科学技术，不断地开发新产品，伴随着新产品的开发，从而形成对新市场的开拓和占领。

员工通过改善或创造与顾客交流和沟通的方式，了解和把握顾客的消费需求，从而开拓出新的市场。

（5）营销模式的创新。

无论是企业生产出的产品，还是服务型单位生产出的产品，都需要进入市场，因而也面临着营销方面的技术创新。营销上的技术创新步骤和内容应与时俱进，以发现市场为思路，树立品牌优势，参与市场竞争。

班组员工每日都在生产第一线工作，学习知识的时间有限，因此，搞技术创新有一定的难度。但只要日积月累地学习，不断自我充电，在

掌握一定知识的基础上，讲究运用科学的方法进行技术创新，是能够获得成功的。

技术创新通常分为以下几个步骤：

（1）确定创新目的。

班组开展技术创新活动，不能茫无目标，而应当针对生产中出现的问题，确定技术创新的目标。只有目标明确了，才能有的放矢，集中力量解决问题。

（2）确定创新方法。

创新的方法可以有很多种，但要针对生产实践。从生产实践出发，采用适当的方法，才能发挥效果，为创新活动找到捷径。

（3）技术创新阶段。

技术创新阶段通常分为以下几个阶段：

①探索期。

②迷茫期。

③技术创新期。

在探索期，由于刚设计出的创新方法可能不完全适用，就需要进行多次实践，以及进行多角度的理论革新，然后通过实验验证方案的可行性。

在迷茫期，虽然方案遭到多次失败，但却为技术创新期的到来积累了宝贵的财富。因此，技术创新阶段，其实是一个循序渐进的过程，不可能一蹴而就的。

（4）修正与完善阶段。

这个阶段的时间通常较长，而在此阶段内，可能又会有许多创新阶段，而此次创新可能也正包含于某个创新过程之中。如此循环往复，技术创新思路就很清晰了。

第四章 推进精细化管理，打造优良的产品质量

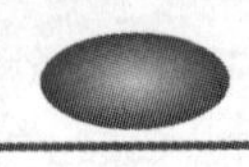

第一节 产品质量管理的关键

产品质量管理，抓住要点不放松

搞好质量管理，是企业永恒的话题，因为质量是企业的根本，关系到企业的生存和发展。随着市场竞争程度的加剧，对于产品质量的要求越来越高。如果产品质量不提高，企业的市场竞争力将会受到很大的影响。作为产品的直接生产者，班组员工应有忧患意识，而班组长更应如此。面对如此严峻的形势，班组长如何加强质量管理、提高产品质量竞争力，是时刻需要面对的难题。

产品质量为什么会出现问题呢？当物料进入生产过程时，首先须避免因为员工操作或使用不当，而造成物料作业不良。因此，在作业过程中，班组需进行自检、互检，班组长应不定时地进行抽检。成品也要进行检查，成为合格品后，才可以入库。

1. 造成产品质量不良的原因

(1) 人员的流动性。

在人才、劳动力市场化的今天，一方面促进了生产力的发展，而另一方面却造成某些人流动性较大，当然，也会波及库房保管员岗位稳定性。由于岗位稳定性不强，致使员工的操作熟练程度受到一定影响；由于员工熟练操作某个工序通常需要有一个过程，即使经过上岗培训考核合格，也要在岗位上实践一段时间，才能达到熟练的程度。

（2）产品的流动性。

由于个别产品生产时出现流动现象，即不进行固定组别制作，这样将或多或少地影响产品质量的一致性。

（3）部分岗位操作人员的责任心不够强。

（4）检验人员工作马虎，没有检验出不合格的产品。

现场产品质量管理会面临许多不同类型的质量问题，应采取多种手段确保生产现场的产品品质优良。

2. 增强相关人员的质量意识

（1）向员工宣传产品质量的重要性。

班组可以采用多种办法，向员工宣传产品质量的重要性，强调人与产品质量的关系，每个人的工作不到位，都可能导致产品不合格。如：

①由于产品生产环境不佳，使员工在操作时，对洁净度、相对湿度等控制不到位。

②员工在操作时，没有按照规章制度进行操作。

③因设备维护不到位，造成设备的精度不够。

④由于没有充分考虑到产品的加工方法，造成质量问题。

⑤原材料或元器件控制不到位。

（2）定期编制质量方面的专题片，组织班组员工观看。

（3）员工在上岗前，应签订“质量责任书”，以约束其质量行为。

3. 加强管理

（1）建立全面质量管理制度，让全员参与，培养大家全员参与的品质意识。

（2）建立 ISO 9000 质量保证体系，以保证能够持续提供稳定可靠的产品。

（3）加强来料检验，建立所有原材料的详细的检验标准，购置必要的检验设备，培养相应的 IQC 检验人员，提高来料质量。

（4）建立“三检”，做到自检、互检、专检相结合，提高生产过程中的产品质量。

（5）完善基础管理工作，做好6S、目视管理、作业标准化三大基础管理工作，如制定作业指导书、装配流程图、完善BOM等。

（6）建立重点控制工位制度、合理化建议制度、QCC品管圈、TPM制度。

（7）建立上岗证制度，对重点时间、重点人员、重点工序进行重点控制。

（8）通过对员工进行培训教育，提高员工的作业技能，减少人为失误的发生。

（9）高度重视事前控制，预防第一。要提前预防问题的发生，不能总是等问题出现后再去解决问题。

（10）制定详细的成品检验及出货检验规范，提高检验水平，严防不良产品流出本工序、本岗位。

（11）减少人工操作。员工往往会被自己的情绪所左右，在工作时呈波浪形的状态，起伏不定。如能用机器设备控制产品的生产，就可以减少产品的偏差。

当采取种种对策都无法杜绝生产现场问题的发生时，则只有通过适时检查，来防止不良品流入下一道工序。检查点的设置是检查的关键，要特别注意有无遗漏。

产品质量管理，遵循原则不马虎

生产现场为了保证产品合格、质量上乘，需要遵循一个固定的原则，进行有效管理。这样，员工才会有方向感，在工作中也会有所约束，自觉遵守生产现场的质量管理体系，使产品质量获得提升。以下是员工应遵循的质量管理原则：

1. 坚定不移的目标

班组应针对产品质量要求和计划，提出一个明晰的目标。员工平时的工作应为这个目标而努力，致力于不断改进质量的工作。

2. 以顾客为中心

有些单位班组虽然并不与顾客直接打交道，但产品生产出来后，通过市场流通，最终会送到顾客的手中。因此，班组员工应理解顾客的需求，满足顾客的要求并争取超越顾客的期望。

如果没有顾客，企业将无法生存，顾客是企业存在的基础。现代市场经济的一个重要特征，就是绝大多数企业所面对的不是卖方市场，而是买方市场；顾客针对自身要求做出购买决策时，对生产企业的存在发展，就有了决定性的意义。顾客之所以购买某种产品或服务，是基于自身的需要。因此，作为产品生产单位的班组，应始终关注顾客，把顾客的要求放在第一位，将理解和满足顾客的要求作为首要的工作考虑，来安排生产质量管理。

3. 领导作用

班组的质量管理，是通过班组内全体员工参与实施的，不仅需要班组长的正确领导，还有赖于全体员工的积极参与。在参与过程中，其有效性与否，直接取决于班组长的能力和主动精神。为提高班组质量管理活动的有效性，确保班组生产的产品的质量能满足并超越顾客的需求和期望，班组长就要重视对员工进行质量意识的教育，以及以顾客为关注焦点的意识和敬业精神的教育，激发全体员工的积极性和责任感。当全体员工的积极性、主观能动性、创造性等，都能得到充分发挥，并能实现创新和持续改进时，质量管理才会见成效。

4. 全员参与

班组的质量管理，不仅需要班组长的正确领导，还有赖于全体员工

的参与；员工积极主动，就能有效地提高班组的质量管理，确保产品质量能满足并超越顾客的需求和期望。因此，班组长要重视对员工进行质量意识、职业道德方面的教育，激发员工的积极性和责任感。当班组内每个员工的积极性、主观能动性、创造性等都能得到充分发挥，充分参与质量管理时，才能生产出高质量的产品。

5. 过程方法

班组将相关的资源和活动作为过程进行管理，可以更有效地提高产品质量。

6. 建立培训和再培训制度

在很多班组，通常只有很少甚至没有质量管理培训，员工们不知道如何提高产品质量。因此，班组应重视对员工进行必要的培训。

（1）建立质量培训辅助和实践制度。

（2）班组经常举办质量研讨班，提高员工质量方面的技术知识。

（3）鼓励员工参加以质量为内容的兴趣小组。

7. 持续改进

班组应不断改进其产品质量，提高质量管理体系及过程的有效性和效率，以满足客户和其他相关方面日益增长和不断变化的需求与期望，提升班组的整体业绩。

只有坚持持续改进，才能不断提高产品质量，保持较高的稳定的质量水平，在市场竞争中立于不败之地。班组长要积极推动持续改进，全体员工也要积极参与持续改进的活动。持续改进是永无止境的，应成为班组永恒的追求、永恒的目标、永恒的活动。

8. 基于事实的决策方法

决策就是针对预定目标，在一定的约束条件下，从各个方案中选出最佳的一个方案付诸实施。成功的结果，取决于活动实施之前的精心策划和正确的决策。决策是班组长的管理职责之一，它在一定程度上，可

以认为是班组管理工作的核心，具有极为重要的地位和作用。有效的决策需要班组长用科学的态度，以充分占有和分析有关信息为基础，做出正确的决断。

因此，班组长应充分重视统计分析技术在决策和质量管理中的作用，当输入的信息和数据足够且能准确地反映事物的真实性时，依照这一方法形成的决策方案，应是可行或最佳的，是基于事实的有效的决策。班组长应重视使用统计技术，为质量管理服务。

9. 互利的供方关系

随着生产社会化的不断发展，社会分工越来越细，专业化程度越来越高，一个产品往往是多个单位分工协作的结果，任何一个企业都有供方或合作伙伴。供方提供的产品将对企业向顾客提供质量合格的产品，可能产生重要的影响，一次处理好与供方的关系，影响到企业能否持续稳定地提供质量合格的产品。对供方不能只讲控制，不讲合作互利。特别是对关键供方，更要建立互利关系。这对企业和供方双方都是有利的。

10. 管理的系统方法

“系统”指相互关联或相互作用的一组要素，质量管理体系的构成要素是过程。将相互关联的过程，作为系统加以识别、理解和管理，有助于班组提高实现目标的有效性和效率。过程是相互关联和相互作用的，每个过程的结果都在不同程度上，影响着最终产品的质量。

要想对过程系统地实施控制，确保班组预定目标的实现，就需要建立质量管理体系，运用系统管理方法，对各个过程实施控制。

系统方法，即以系统地分析有关的数据、资料或客观事实，确定要达到的优化目标；然后通过系统工程，设计或策划为达到目标而应采取的各项措施和步骤，以及应配置的资源，形成一个完整的方案；最后，在实施中通过系统管理，而取得高效性和高效率。在班组质量管理中，采用系统方法，就是要把质量管理体系作为一个大系统，对

组织质量管理体系的各个过程加以识别、理解和管理，以实现质量方针和质量目标。

第二节 注重细节，搞好现场质量控制

质量控制，把握基本要领

保证产品质量并使产品质量不断提高，是班组长梦寐以求的。寻求一种行之有效的质量控制方法，可以达到这一目的。通过研究、分析产品质量数据的分布，揭示质量差异的规律，从而找出影响质量差异的原因；对症下药，采取技术措施或其他措施，消除或控制产生次品或不合格品的因素，使产品在生产过程中的每一个环节都能正常地进行，最终使产品能够达到人们需要的高质量，具有适用性、可靠性及经济性。

1. 运用步骤

（1）收集质量数据。

产品质量一般都是通过数量来表述的，而质量的特性、差异性等，也都要用数据来加以说明。因此，进行质量控制离不开数据。质量的数据通常分为两大类，即：

①计量数据。

②计件数据。

计量数据是可以连续取值的，或者可以用测量工具具体测量出来，通常可以获得在小数点以下的数值数据；计件数据则是不能连续取值的。

（2）订立质量标准。

质量标准，一般分为：

①工艺质量标准。

②工艺装备质量标准。

③零部件质量标准。

④成品质量标准。

⑤原材料质量标准。

⑥毛坯质量标准。

⑦质量基础标准。

（3）运用质量图表进行质量控制。

这是控制生产过程中，产品质量变化的有效手段。控制质量的图表如下：

①排列图法。

②散布图法。

③控制图法。

④系统图法。

⑤分层图表法。

⑥矩阵图法。

⑦因果分析图法。

⑧KJ 图法。

⑨PDPC 图法。

⑩网络图法。

⑪直方图法。

⑫关系图法。

⑬矩阵数据分析图法。

在控制产品质量的过程中，这些图表相互交错，因此，应灵活加以

运用。

2. 质量控制方法的特点与作用

（1）质量控制方法的特点。

1924 年，美国贝尔电话研究所休哈特研究员，首先提出质量控制方法，具有 3 个特点：

①着重于对生产全过程中的质量控制。

②运用数量统计方法。

③广泛运用各种质量数据图。

（2）质量控制方法的作用。

①从单纯的质量检验，发展成为对生产全过程中产品质量的控制。

②在质量管理中，设计、制造、检验三方面的人员得到协调和配合。

③通过观察记录在管理图上的数据，及时分析生产过程中的质量问题。如果发现质量问题，可以迅速采取措施予以解决，使生产处于稳定状态。

3. 常用的质量控制方法

（1）分层法。

按照同一性质或同一条件，将不同类型的数据进行分类，从中找出其内在的统计规律，并由此找出统计方法，这是分析影响产品质量原因及责任的一种基本方法，经常与统计调查表结合使用。常用分类方式：

①按操作人员分。

②按使用原材料分。

③按工艺方法分。

④按工作环境分。

⑤按使用设备分。

⑥按工作时间分。

（2）排列图。

通常来说，任何过程中的大部分缺陷，差不多都是由相对少数问题所引起的。对于过程质量控制，排列图常用于不合格品数或缺陷数的分类分析。排列的主要功能，是帮助人们确定那些相对少数但重要的问题，以使人们把精力集中于这些问题的改进上。

在质量控制中，散布图是用来显示两种质量数据之间关系的一种图形。质量数据之间的关系多属相关关系。通常有 3 种类型：

①质量特性和质量特性之间的关系。

②质量特性和影响因素之间的关系。

③影响因素和影响因素之间的关系。

班组长通过绘制散布图、计算相关系数等，分析研究两个变量之间是否存在相关关系，以及这种关系密切程度如何，进而对相关密切程度的两个变量，通过对其中一个变量的观察控制，去估计控制另一个变量的数值，以达到保证产品质量的目的。

（3）统计调查表。

班组可以利用统计表，对数据进行整体和初步的原因分析，它是一种表格型工具，常用于其他工具的前期统计工作。统计调查表的分类是多种多样，常见的有：

①不合格品原因调查表。

②缺陷位置调查表。

③不合格品项目分类调查表。

（4）因果分析图法。

运用因果分析图法，系统整理和分析某个质量问题与其产生原因之间的关系，这种分析图法也是一种有效的工具。它的组成如下：

①质量特性，即质量结果。

②主要原因，即产生质量问题的主要原因。

③枝干，即表示不同层次的原因。

④主干，即质量结果的水平。

每一类下面又有不同的子原因。

(5) 直方图法。

它是将收集到的质量数据进行分组整理，绘制成频数分布直方图，用以描述质量分布状态的一种分析方法。直方图是用横坐标标注质量特性值，纵坐标标注频数或频率值，各组的频数或频率的大小用直方柱的高度表示的图形。直方图绘制有以下几个步骤：

①收集数据。

②找出数据中的最大值 L、最小值 s 和极差 R。

③确定数据的大致分组数 K。

④确定分组组距 h。

⑤计算各组上下限，先要确定第一组下限值，应注意使最小值 s 包含在第一组中，且使数据观测值不落在上、下限上，然后依次加入组距 h，便可得各组上下限值。

从直方图上，可以直观地看出产品质量特性的分布形态。这样，很容易判断出产品质量在生产过程中，是否处于控制状态；如果失控，应采取相应的对策。

(6) 控制图。

在生产过程中，对产品质量状况进行实时控制，这种方法可以通过控制图来实现。控制图可以说是直方图的一种变形，只是引入了时间序列。通过观察样本点排列是否随机，从而及时发现产品质量是否出现异常。

质量控制的根本目的，在于使产品质量合乎标准和要求，班组长通过学习和培训，掌握这方面的技能和方法，就能控制和提升产品质量。

推行“三检制”，保障高质量

在现今企业，有不少班组推行“三检制”质量检查法，即：实行操作的员工自检、员工之间开展互检、专职检验员进行专检，将这三者结合起来，形成一种质量检验制度。这种三结合的检验制度，在有些班组或部门已经长期实行，且行之有效。

经验证明，在班组实行“三检制”，能够及时发现问题，通常来说，进货检验、半成品流转与成品产品的最终检验，应以专职检验为主；在工序检验的过程中，则可以根据不同情况区别对待，可以由员工自检、互检，然后，再由专职检验员负责检验。在工人自检、互检的情况下，还要辅以专职检验员负责最终的检验，及巡回抽检。

1.“三检制”的作用

班组通过实行“三检制”的检验方法，最终在生产现场实现不制造不良品、不传递不良品、不接收不良品的目的。员工通过自检，消除了生产中人为的错误，使产品完美无缺；通过员工之间的互检，从而消除并纠正别人的失误，使员工相互督促；最后，通过专职检验员的专检，提升了产品的检验水准，确保了符合标准的产品出厂。

2. 落实“三检制”的方法和技巧

（1）自检。

员工在进行自检时，通过运用目测的方式，检查本人工序的内容是否合格。如果合格，就继续做下去；如果不合格，就立即返工。当员工在进行自检时，一定要确保所检验的内容全部到位；在需要标记时，应在确认无误后，打上规定的记号。

由于员工在生产产品时，是按照图纸、工艺、合同中规定的技术标准来完成的，因而在自行进行检验时，一般比较熟悉。通过自检，可以使员工充分了解自己生产的产品在质量上所存在的问题，从而主动寻找出现问题的原因，然后采取改进的措施。这也是员工参与班组质量管理的一种重要形式，充分体现了员工对自己产品质量的负责态度。

（2）互检。

员工开展互检，在相互之间进行检验。互检的方式主要有：

①下道工序的员工，对上道工序流转过来的产品，进行抽检。

②同一机床、同一工序轮班交接时，所进行的相互检验。

③质量员或班组长，对本小组员工加工出来的产品，进行抽检等。

这种检验方式，不仅使加工质量能够得到保证，也可以防止疏忽大意而造成出现废品。这样有利于搞好班组团结，加强员工之间保持良好的人际关系。

实行员工自检、互检时，通常还必须考虑以下几点：

①在岗位责任制中，要对自检做出明确规定。

②现场自检时，也应提供检验标准和检验器具等必要的条件和手段。

③要有自检、互检记录，建立健全自检、互检的记录制度。

④制定考核方法，并列入生产工人经济责任制考核内容，做到有奖有罚。

（3）专检。

由专业检验人员对产品进行检验，这种检验方式，是互检和自检所不能取代的。在“三检制”实施中，要以专业检验为主导。因为专职检验人员在对产品的技术要求、工艺知识、检验技能等方面，都要比生产工人更熟练，而所用的检测量仪也比较精密，其检验的结果比较可靠，检验效率也比较高。

生产现场实行专检、自检和互检相结合的制度，是员工参加班组质量管理的一种有效的形式，有利于调动员工的积极性，使员工能够自觉地把好产品质量关，从而有利于提高产品的质量。

在生产现场实施专检、自检、互检相结合的制度，就必须处理好这三者的关系。通常来说，自检、互检是搞好质量检验的基础，如果缺乏这个基础，专检就搞不好。但自检和互检又需要专检做指导，没有专检的指导，就很难真正提高产品的质量。因此，做好“三检”，缺一不可。

现场不良品与质量异常，处理有新招

生产现场产品出现不良品，或产品发生质量问题时，班组长应积极与技术人员、员工沟通，找出其中的原因，对症下药，采取有效措施，消除产品的质量问题。

1. 向有关人员反映

在生产现场，当员工、管理者发现产品质量检验或生产过程中出现异常时，应立即向有关部门或人员反映产品质量异常情况，并应填写“产品质量异常处理单”，迅速采取措施，解决异常情况，以确保产品的质量。

2. 剔除不良品

在产品生产过程中发现不良品时，除应依正常程序追踪不良品的发生原因外，当班员工还应根据生产需要，立即将不良品剔除，以杜绝不良品流入正品中。

3. 及时反馈

员工发现产品出现质量问题时，应立即向现场管理人员汇报，后者必须做出明确的答复，并及时跟进质量问题，予以解决，同时要做好书面记录，以备今后查阅。

4. 查找问题根源

班组长在生产现场巡查过程中，如果发现因工艺缺陷或物料自身质量较差等因素，而造成生产出不良品时，应立即下令停工，并与现场负责人沟通，由现场负责人牵头查找问题根源，并采取措施，制订相关解决方案，再进行生产。

5. 由上级判定不良状态

员工在现场作业过程中，如果发现产品的质量问题时，应及时报告当班负责人，由上级判定不良状态或制定可接受标准。

6. 矫正错误操作

班组长在生产现场的巡查过程中，如果发现员工因操作错误，而造成不良品出现时，必须立即停止该员工的操作，并对该操作员进行技术辅导，直到该员工可以独立正确操作后，方可离开。

7. 追究当事人的责任

现场出现不合格的产品后，由操作的员工自行标明不合格原因并签名，最后收集起来。凡出现将不良品当优良品流入下一道工序时，要彻查原因，并追究当事人的责任；因上一道工序无明显不良原因标示，或无标示而使不良品转入下一道工序的，由上一道工序操作者和管理者共同承担责任；因下一道工序随意挪用不良品，而流入再下一道工序的，由下一道工序操作者和管理者共同承担责任。

8. 书面报告

班组长负责每日对生产现场的不良品，进行判定和常规处理，数量较大或不良原因较为突出时，应与现场负责人沟通，由现场负责人负责制订处理方案。

9. 进行跟踪和退换

班组长每日对不良品堆放区内的不良品进行跟踪和退换，或经现场负责人安排，对不良品进行处理。

10. 有权拒绝不良品

对所流入的没有不良原因标志的不良品，当班操作的员工有权拒绝；对有标志但因自身工作疏忽，而没有及时退换料件，造成损失的，员工应承担责任。

11. 奖励反映问题最多的员工

员工在生产过程中，如果发现任何质量问题，班组必须予以书面记录，并给予奖励。

12. 承担责任

在生产过程中，如果没有发现产品的质量问题，但却被检验出有问题时，操作者应负主要责任。

13. 缴库前的成品应抽检

对于交库前的成品，应进行抽检。如果发现有质量不合格的产品，应填写“产品质量异常处理单”详述异常情况，并拟订处理措施和方案，交班组长处理及改善。

防止不良品，要诀要记住

美国管理学大师克劳斯比曾说过：“品质管理是企业制胜的关键。”在企业班组，加强现场产品的质量管理，是防止产品质量出现问题的关键。所以，搞好现场的质量管理，是班组长必须掌握的管理技能。

常言道：“质量是企业的生命。”产品的质量，是企业永远坚持的原则。试想，企业如果没有质量过硬的产品，这个企业将是一个什么样的企业呢？班组作为企业的产品直接生产者，首先要把好产品质量的第一关；而班组长则要时刻牢记质量管理的重要性。

1. 员工良好的素质

现代企业采取的是科学的管理方式，讲究的是快速培训员工。但由于过分注重速度效应，难免粗制滥造、顾此失彼，因此，要想造就一支具有良好素质的员工队伍，必须认真对员工进行培训。培训一般可分为两种，一是安全生产方面；二是专业知识、技能方面。

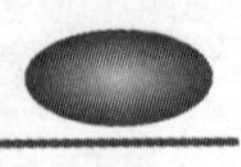

（1）班组应先拟出员工培训计划。

（2）对员工进行专业知识和技能的培训后，还应在生产现场进行实践，并予以指导。

（3）班组应对员工培训情况进行检查，并督促员工养成好学肯干的好习惯。

2. 建立标准化

（1）标准化的作用。

由于生产的产品大多由人在操作，这就使产品在生产过程中，产生很多变数，尤其是人的变异，如：岗位上如果换了不同的员工，这个员工就会产生不同的思考方法及工作方法。而这些，都会对产品的生产产生影响。

因此，必须通过标准化来消除这种负面影响。此外，标准化的作用，还在于把班组内的成员所累积的技术经验，通过文件的方式，来予以储存，而不会因为人员的流动，使技术和经验跟着流失掉。有了标准化，岗位上就不会因为换了不同的人来操作，而出现太大的差异，从而保证了产品的质量。

（2）工作稳定，质量稳定。

企业如果要发展，就必须先求稳定，如果没有稳定的条件，员工的工作也就不会稳定，产品的质量也就无法保证了。

3. 稳定的人员

企业人员如果流动性较大，就很难保证产品的品质。试想一个新进的员工，除了因工作熟练程度差而效率低下以外，还因为不熟悉岗位上的设备、设施、工具，不熟悉材料和作业方法等，更重要的是缺乏产品质量意识。所以，这些新员工往往付出事倍功半的代价，还不能保证产品的质量。一些企业班组对于人员的过度流动，只感到困惑，却没有采取有效措施予以遏制，实在是影响产品质量的最大障碍。

班组想要稳定人员，除了提高待遇，还要从生活上对员工给以关怀；此外，创造条件给员工搭建自我发展的舞台，员工就不会身在曹营心在汉了。

4. 消除环境的脏乱现象

生产现场一定要保持整洁，如果显得脏乱不堪，不仅影响效率，还会使产品的质量出现不稳定。在有些生产现场，由于机器摆放不当、缺乏保养整理；工具、夹具胡乱放置；材料、成品、半成品、报废品、待修品等，都乱七八糟地堆放在一起；工作台、现场通道摆放杂物，导致尘土飞扬，影响了物料、半成品的洁净度，从而影响产品的精确度。

5. 应用统计原理进行质量管理

有些班组仍采用传统的质量管理方法，质检员每天对产品进行检验，让良品流向下一道工序，同时剔除不良品，或对不良品进行整修、报废处理等。这种做法，对于产品质量的改善没有起到任何作用。

如果采用统计原理来对产品的质量进行改善，就会产生巨大的效果。因为统计原理可以衍生出许多改善工具。如：建立相关的统计数据，并对其情况进行分析，划分责任跟踪人，跟进效果等。在这个基础上，对产品的质量进行改善，就会有效多了。

6. 物料次品

很多企业班组是不管物料供应的，即使这样，班组也可以积极向采购部门建议，因为生产第一线的班组员工最了解什么样的物料品质稳定、优良，而什么样的物料是“水货”。一些企业采购部门在采购材料时贪图便宜，认为材料越便宜生产成本就会越低，由于采购来的物料是“水货”，质量没有保证，导致产品的质量受到影响。

7. 完善的机器保养制度

在现代企业，通常靠机器生产出产品，精度高的机器生产出的产品肯定合格。要想使机器能够长时期地保持较高的精度，就必须对机器进

行保养，否则，机器的精度就会跟着下降，而产品的质量也会跟着出问题。

在一些生产现场，为什么频频出现不良产品，其原因是多方面的。班组必须根据自身的实际情况，具体分析具体对待，设法消除不良品，班组才会有生存和发展的希望。

产品质量日常检查管理

生产现场的产品生产，是一个复杂的过程。机器、物料、操作者等诸要素，都可能使现场的生产状态发生变化，现场的各道工序，不可能处于绝对的稳定状态，因此，发生质量特性的波动，是比较常见的现象。班组进行产品质量检验，实行质量把关，是完全必要的。随着生产技术的不断提高和企业管理工作的完善化，检验的工作量可能会减少，但检验这项工作却仍然不可少。

只有通过质量检验，对质量进行严格把关，做到不合格的半成品不转序、不合格的原材料不投产、不合格的零部件不组装、不合格的产品不出厂，才能真正保证产品的质量。

1. 进料检验

通过进料检验，防止不合格的物料进入生产环节。

（1）进料检验方法。

①外观。通常用目视、手感、对比样品等方法，进行检验。

②尺寸。使用卡尺、千分尺等量具，进行检验。

③特性。

A. 物理的特性。

B. 化学的特性。

C. 机械的特性。

使用检测仪器和特定方法，来进行检验。

（2）进料检验方式。

①全检的方式。

②抽检的方式。

（3）检验结果的处理。

①接收。

②退货。

③让步接收。

④挑出不合格品退货。

⑤返工后重检。

2. 生产过程的质量检验

在物料入仓后到成品入库前这个阶段的生产活动中，进行质量检验和控制。

（1）检验方式。

①首件自检。

②互检。

③专检。

（2）抽检、巡检相结合。

①在每一道工序进行检验。

②多道工序集中检验。

③抽样与全检相结合。

④产品完成后进行抽检。

⑤巡回检验。

A. 材料核对。

B. 产品质量。

C. 工艺规程。

D. 机器运行参数。

E. 物料摆放。

F. 标志。

G. 环境。

在巡回检查时，应如实填写检验记录；此外，还应保证合适的巡检时间和频率，严格按照检验标准或作业指导书，进行巡回检验。

3. 过程产品品质检验

当产品完工后，要对产品的品质进行检验，以确定该批产品可否流入下道工序，属验收检验。

（1）检验项目。

①外观。

②尺寸。

③理化特性。

（2）检验方式。

①不合格处理。

②抽样检验。

③记录。

（3）质量检查类别。

①生产操作检查。

②自主检查。

③产品质量管理检查。

④产品质量保管检查。

⑤设备维护检查。

⑥厂房、设施、设备安全检查。

⑦其他可能影响产品质量的检查。

（4）质量检查的频率。

根据检查范围的类别，以及对产品质量影响的程度而定。

①质量检查的项目。根据检查范围的类别而定。

②质量检查资料的回馈。要通知有关当事人改进，并作为下次检查的依据。

③质量检查实施单位。班组质量检查小组。

（5）质量检查实施要点。

①正常时，每周检查一次，但在特殊时候，至少每月检查一次。

②对于新员工所做的产品，开始时每三天一次，到熟练后，与其他老员工一样，依正常时的频率检查产品质量。

③遇到特殊重大的工作时，则视情况而适当地安排检查时间。

4. 成品出货检验

（1）自己可判定的，直接通知当班管理者立即处理。

（2）自己不能判定的，则持不良样板送交当班管理者确认，再制定处理措施。

（3）应如实把异常情况记录下来。

（4）对纠正或改善措施进行确认，并追踪处理效果。

5. 对其他产品质量的检查

（1）原料。

（2）加工品。

（3）半成品。对半成品、成品的检验，应做好明确的状态标志，并监督库房进行隔离存放。

（4）成品。质量检验就是对产品的一项或多项质量特性，进行观察、测量、试验，并将结果与规定的质量要求进行比较，以判断每项质量特性合格与否的一种活动。

6. 质量记录

（1）为已经检验过的产品提供客观的证据。

（2）记录要做到准确、字迹清楚，并加盖检验印章或签名。

（3）及时整理记录和保管。

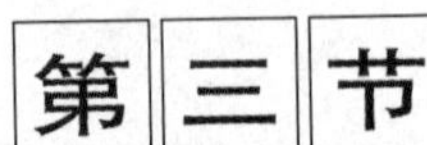

第三节 六西格玛管理，实施讲科学

六西格玛管理，了解其含义

在现今企业，六西格玛的质量管理方法，正像一股股热浪扑面而来。六西格玛的成功管理案例，吸引了很多企业的注意力。在企业里，各个班组都在推行六西格玛的理念和质量管理方法。那么，到底什么是六西格玛?

六西格玛（6σ），阿拉伯数字6加上小写希腊字母σ（读作：西格玛)，它代表标准差，即描述一组数据、一群项目，或一个过程存在多少波动的统计方法。

如果你正在经营快餐生意，每天的生意是把比萨饼送往附近的写字楼的各家公司。那些客户希望你能在中午11:30～12:30之间，把比萨饼送到，这样他们就可以在下班后按时吃到午餐。在这段时间内，如果你的员工只能把68%的比萨饼送到，那么，你的工作业绩仅有二西格玛水平；如果送到率提高到93%，那么，你的工作业绩是三西格玛水平；如果再提高到99.4%，那么，你的工作业绩就是四西格玛。你要想把自己的快餐店，办成具有六西格玛业绩的店，就必须把比萨饼的送达率提升到99.9997%。

六西格玛是一种追求以客户为中心的理念，企业的班组往往有很多

方面需要改进，然而由于条件的局限性，必须分清主次，将重点放在对产品质量有重大影响的事情上，也就是产品质量关键点。

六西格玛是基于数据的决策方法，强调用数据说话，而不是凭直觉、凭经验行事。量化是六西格玛的基础，量化的指标客观地反映我们的现状，从而引起班组员工的注意。六西格玛通过对真实数据进行科学分析，来发现问题的症结所在。六西格玛可以定义为：

（1）生产过程或产品业绩的一个统计量。

（2）生产业绩改进趋于完美的一个目标。

（3）能实现持续领先的一个管理系统。

班组可以用西格玛的级别，来衡量生产现场的产品质量管理。当产品的合格率已达到99.73%的水平，只出现0.27%的次品，即每1000件产品只有2.7件为次品。而六西格玛管理，则要求“零缺陷”。可见，它是一种严格的管理方法，以几乎“零缺陷”的完美质量追求，带动质量成本的大幅度降低，最终实现企业的高效益和竞争力的重大突破。

在一些班组，很多人认为产品已达到99.73%的水平，已经非常满意了。可是，根据专家研究结果证明，如果产品达到99.73%的合格率的话，每年全国就会有20000次配错药事件出现；每年平均有9小时没有水、电、暖气供应；而在医院，每星期就有500宗做错手术事件发生；等等。这是多么可怕的现象啊！

企业是不能容忍大量次品产生的，所以需要六西格玛这样高质量的管理标准，以保持在激烈的市场竞争中的优势地位。

六个西格玛的质量管理方法，重点是将生产作为一种质量管理流程，采用一种量化的方法，分析现场生产中影响质量的因素，从中找出关键的因素加以改进，从而达到更高的满意度。

2000年，美国通用电气公司首席执行官韦尔奇先生推行六西格玛管理法，使公司的产品创造了高品质，奇迹般地降低了通用电气公司在过去复杂管理流程中的浪费，简化了公司的管理流程，降低了材料成本。

很多事例证明，六西格玛的成功实施，已经成为介绍和承诺高品质创新产品的必要战略和标志之一。

班组实施六西格玛质量管理法，不仅仅只是一系列的训练，还意味着整个企业文化从防护性的标准化管理，到放开思想改革创新的突破性理念。在提供行之有效的管理方法和流程技术的基础上，六西格玛管理法为班组培养了具有激励能力、组织能力、项目管理技术和数理统计能力的管理者，这些人才是班组适应市场竞争的重要力量。他们将最先进的工作方法和最新技术，应用到一个简单的流程管理模式中，通过追求“零缺陷”运行和改善流程，达到产品高质量的快速突破。

项目制形式，进行管理

班组实施六西格玛质量管理，确定六西格玛的定位及推行规划后，下一步就是确定推行的方式。俗话说：“良好的开端是成功的一半。”高效的推行方式，对班组实施六西格玛质量管理是否成功关系重大，所以，六西格玛的推行需要快速决策，尽快执行。通常来说，六西格玛管理以项目制形式开展，一般分为 5 个阶段：

1. 界定

班组在以项目形式展开时，应先界定核心流程和关键客户，站在客户的立场上，找出对客户最重要的事项，也就是关键；同时，还要制定出完备的六西格玛实施章程及流程。

2. 衡量

在实施六西格玛质量管理的过程中，要积极寻找流程中的瑕疵，建立衡量的基本步骤。参与管理的人员，必须接受基础概率与统计学的培训，以及统计分析软件与测量分析等课程的培训。

有些员工文化程度较低，可以让具有较高文化程度的，以及具有推行经验的员工，带着这些员工一同接受训练，帮助他们克服困难。对于复杂的演算问题，可提供自动计算工具，减少复杂计算所需的时间。

3. 分析

六西格玛质量管理人员应帮助员工探究误差产生的根本原因，同时，运用统计分析，检测影响结果的潜在变量，找出质量瑕疵发生的最重要根源。所运用的工具，包含一些统计分析工具。

4. 改善

当发现质量瑕疵以后，应迅速找出最佳的解决方案；然后，再拟订改善计划，加以执行。这个步骤需不断进行测试，改善方案应能发挥最佳效果，减少错误发生。

5. 控制界定

要把衡量阶段坚持下去，不能中断；此外，还要确保所做的改善工作能够持续下去。这样，才能避免错误再度发生。在有些实施六西格玛质量管理的班组，所制订的改善方案里，通常忽略了控制这一阶段。其实，在六西格玛管理中，控制是能长期改善品质与成本的关键。当项目展开后，如果能够成功推动，将会改变班组以往的惯性，让员工能够不断找出问题，并积极寻求更好的解决方案，这样，班组就会处于向上提升的阶梯上。

产生和运用，持续改进

早在20世纪80年代，就由世界著名企业摩托罗拉公司提出了六西格玛质量管理方法。后来，逐步扩大为相应的管理体系，应用到公司管理的各个方面。据统计，摩托罗拉公司从开始实施的1986—1999年，该

公司平均每年提高生产率12.3%，而产品的不良率，只有以前的1/20，这是多么巨大的可喜的变化啊。

从六西格玛管理法被广泛运用的历史来看，它是一个持续被改进的管理方法、理念、流程等。1986年，摩托罗拉公司的比尔·史密斯提出六西格玛，其目的是设计一个目标：降低产品及流程的缺陷次数，防止产品变异，提升品质。不久，它从一种全面质量管理方法，逐步演变成为一个高度有效的企业流程设计、改善和优化的技术；同时，还提供了一系列适用于生产、设计、服务的同等的新产品开发工具。继而，它又与GE的服务化、全球化、电子商务等战略，齐头并进，成为世界上追求高效管理的现代企业最为重要的战略举措。如今，六西格玛已逐步发展成为以顾客为主体，来确定企业战略目标和产品开发设计的一种标尺，成为一种追求持续进步的管理哲学。

很多企业竞相实施高端流程质量管理标准，即六西格玛管理。如在日本的一些企业，已把六西格玛作为产品品质要求的指标。

无论在生产型企业，还是在服务型单位，六西格玛都可以作为一套系统的业务改进方法体系，能够帮助企业或单位持续改进企业的业务流程，实现客户满意的管理方法。通过系统地、集成地采用质量改进流程，实现企业产品质量无缺陷的过程设计，即面向六西格玛的设计，简称DFSS，消除生产过程的产品质量缺陷和无价值作业，从而提高产品的质量和服务质量，降低生产成本、缩短生产的运转周期，达到客户完全满意，增强企业竞争力。现今，在企业中，六西格玛成为一个代名词，其含义是客户驱动下的持续改进。以下是产品质量无缺陷的过程设计：

（1）过程定义。

（2）测量。

（3）分析。

（4）改进。

（5）控制。

第四节 六西格玛管理的开展

运作之初，如何展开

企业面临日益激烈的市场竞争，同时，由于信息化的飞速发展，改变了企业的管理模式，如何在激烈的市场竞争中生存、成长和壮大，是对企业各级管理者的考验和挑战。

六西格玛管理，由于它的严谨方法和实施步骤、面向客户和市场的管理理念，吸引了很多企业管理者的注意。不仅在大型企业运用六西格玛工具，来提高企业的效率和创新开发能力，为扩大企业规模和提高国际竞争力，奠定坚实的基础，就连一些中小型企业，也开始实行六西格玛。因此，在当今的企业，对六西格玛的追求，是一个永不停息的过程。以下是运作六西格玛的步骤。

1. 建立组织

班组在运作实施六西格玛项目之初，先要在上级领导的支持下，建立六西格玛组；组织在运作时，以消除生产中有缺陷产品或不满意服务为主要内容。

当六西格玛的工作内容和项目一旦确立，组织成员就必须到位开始活动。此时，把调整的重点从指派成员解决问题，转变为安排问题给员工解决。

班组长在成立组织时，要使不同文化程度、不同经历、不同技术经

验的员工，为了一个共同的目标，去努力工作。同时，要对组织成员进行必要的培训，使其迅速掌握改进工具以及成功运用工具的方法。

班组六西格玛组织成员，应由3～8人组成，如果有10名以上成员，应将其分解为2个小组，这样便于开展活动。当每个员工的才智都得到发挥，而各人也都能意识到自己在组织中所起的作用时，组织的工作效率是最高的。

2. 辨识问题的潜在原因

六西格玛组织成立后，接下来就需要制定行动步骤、举措等，然后开始行动，把那些不合格的产品检查出来。集中精力和时间，消除次品。不可浪费时间去改进不必要的，甚至是有碍于实现高质量绩效的事物。要做到这一点，最好的方法是画流程图。有两种基本的流程图画法：

（1）线形流程图。

（2）部门间流程图。

实施这两种流程图，是根据“现有”状况去检验和改进的。当检验和改进结束后，就转为“应有”状况了。

3. 确立问题和度量指标

在六西格玛的运作过程中，先要明确以下两点：

（1）辨识你将要改进的事物所产生的影响。

（2）传达共识。

产品最终都是要送到顾客手中去的，试想一下，当顾客在使用你生产出的产品时，会有什么反应？如果反应不好，就是产品出现不满意的质量问题。而班组实行六西格玛的目的，就是找出这些原因，并据此进行改进，提高产品的质量。

当找出有质量瑕疵的产品后，就可以界定需要改进的范围。这时，你还必须和顾客达成共识，让他们认识到你正在做正确的事情。

4. 探询根本原因

此时，你必须把工作重点转移到探询潜在的根本原因上。在探询之前，需要拟订一个重点突出的行动计划，包括以下方面：

（1）需要做什么。

（2）由谁去做。

（3）何时安排。

（4）行动事项。

很多案例表明，班组实施六西格玛项目往往要花费几个月的时间，才能发现产品质量的根本原因，然后实施解决方案，并获得想要的结果。

班组六西格玛组织在探究质量的根本原因的过程中，随着进程的不断深入，他们会发现需要做的新事情和必须搜集的新信息。这样，行动计划就变成了组织活动的历史记录。

只有做好搜集新鲜信息的工作，才有助于指导自己设计核查单的格式，以及了解去何处搜集数据。

5. 改进措施长期化

班组六西格玛组织成员齐心协力，就能提高士气，运用六西格玛方法，使产品质量得到改善。效果明显后，就要坚持下去，消灭产品的瑕疵，不懈地追求精益求精的境界。

循序渐进，逐步推进

六西格玛管理在企业有效推行，消除了生产过程中的浪费现象，降低了产品的次品量。这是一项在企业班组可以持续改进的管理方式，也是一项行之有效的质量检验和改进活动。其成功的基础仍旧是建立在项目制基础上的，即以项目的实施，带动管理模式的推进和企业管理文化的提升，以实现该模式在企业行为上的固化。六西格玛管理项目实施中的各阶段为：

1. 定义阶段

（1）对顾客的需求进行定义。

（2）分析系统。

①寻找生产过程中的浪费或产品的变异。

②确定改进机会。

③分析组织战略。

④分析组织的资源。

（3）确定项目。

①项目的关键输出。

②所用资源。

③项目范围。

2. 测量阶段

（1）定义流程特性 CTQ。

（2）测量流程现状。

①各个流程需要的时间。

②动作需要的时间。

（3）对测量系统分析。

（4）评价过程能力。

3. 分析阶段

（1）分析流程，查找生产中的浪费根源或质量变异源。

（2）确定关键输入因素及影响水平。

4. 改进阶段

（1）确定输出与输入变量之间的关系，提出优化方案。

（2）制订改进方案和计划。

（3）初步验证改进方案的结果。

5. 控制阶段

（1）建立运作规范、实施流程控制。

（2）验证改进效果。

（3）对实施结果进行总结、标准化和移交。

班组六西格玛质量管理，要想避免失败或避免走过场，就要按照以上5个阶段，循序渐进，逐步推进和实施。稳打稳扎，一步一个脚印。

在逐步推进的过程中，还应关注以下关键因素：

（1）正确使用方法和工具。

在实施六西格玛的过程中，恰当地运用工具，对流程优化、简化、合并、增加、重排、删除等；同时，对具体流程稳健性和过程能力进行改进，从而实现项目目标。

（2）以流程管理为中心。

班组六西格玛质量管理，是以流程为中心的管理方式；它摆脱了以组织功能为出发点的思考方式，能够发现在整个价值流中，哪些是产生价值的，哪些是一种浪费，从而进行整合管理。

（3）关注系统。

六西格玛管理不是把精益和六西格玛简单相加，而是要把六西格玛与精益有机接合起来，处理生产系统出现的质量问题。对于生产系统中的不同过程，或同一过程的不同阶段的问题，六西格玛与精益相互补充；当生产过程处于初始状态时，由于出现的问题较为简单，可以直接用精益生产的方法和工具加以解决；但随着生产过程的发展，所出现的问题处于复杂化状态时，就要用六西格玛的方法去解决。

（4）重视文化建设。

班组在实施六西格玛时，离不开企业的文化建设。通过企业文化建设，使每一个员工形成一种做事的习惯，自觉地去按照六西格玛管理的方式去做事情。由于六西格玛的文化是持续改进、全员参与、追求高质量高标准的文化，因此，班组成员只有追求完美，持续地对生产过程进

行改进，才能不断超越现状，取得更大的绩效。

抓住关键，成功推进

很多企业的班组在实行六西格玛管理以后，降低了生产环节的不良品，同时也降低了生产成本，减少了生产周期；有些企业班组还通过关注顾客的需求，来激发创新，开发出更多满足顾客需求的新产品，消除了质量隐患。可是，一些刚刚实施六西格玛管理的企业班组，却不知道如何去推行，那么，班组如何才能使六西格玛管理得以成功推行呢？影响其成功的关键要素有哪些？以下几个方面是至关重要的：

1. 获得上级领导的支持

班组六西格玛管理需要处理生产系统的问题，要分析和解决较为复杂的问题，因此，需要与不同的部门进行沟通，获得更多资源的支持。所以，如果没有上级领导的支持，是不可能顺利完成使命的。

此外，在推进六西格玛管理过程中，先把班组长或上级部门主管领导培训成为绿带或者黑带，再由他们来牵头对项目进行梳理，并亲自承担其中关键项目的实施。那么，六西格玛的成效就会更为显著，能够有效地发现和解决深层次的问题。

2. 循序渐进的推进方式

很多成功实施六西格玛的著名企业，如日本东芝、韩国三星等企业，都将六西格玛在本企业的推进，看成是一个过程。因此，班组应在实践中，根据本班组的现状，不断分析和探索，采取循序渐进的西格玛推进方式。这样，就会使员工逐渐认识到六西格玛的价值，由被动执行到能够创造性地运用这一工具解决问题。

3. 全体员工的参与

班组员工如果全体参与六西格玛的管理活动，就能激发员工的创造性，从而赋予六西格玛旺盛的生机。在全员参与的情况下，必须对员工有针对性地进行六西格玛培训，使员工带着问题一边培训学习，一边分析改进，这样就会收到显著的效果。

4. 以流程为主线的变革基础

班组实施六西格玛管理，使员工沿着业务流程，一边察看，一边交流，并记录真实流程和问题。这种“流程行”活动，能够使员工跳出部门框框，了解整个生产线的流程，从而增强流程意识。通过认真审视流程和产品，使员工能够清醒地认识到所要改进的空间。然后，有针对性地制定改进措施，把产品的瑕疵消灭在萌芽状态。

第五节 开展QC活动，面貌一新

QC活动，如何实施

在现今很多班组的生产现场，活跃着QC小组。他们的目的，是改进产品质量、降低消耗、提高班组经济效益。QC小组围绕企业经营战略、方针目标和现场存在的问题，运用管理理论和方法，在生产现场开展产品质量控制活动。QC是英文QUALITYCONTROL的缩写，翻译为中文，即“质量控制”。质量控制的定义是：“质量控制是质量管理的一部分，致力于满足质量要求。”在企业班组，按产品在生产过程中的控制特点、次序，产品质量控制可划分为4个阶段：

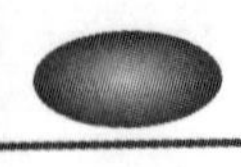

（1）进料控制。

（2）生产过程中的质量控制。

（3）最终检查验证。

（4）成品质量控制。

在生产现场对产品进行质量控制，是为了通过监视产品的质量形成过程，消除引起质量不合格或不满意效果的因素。以此达到优质产品的要求，获得良好的经济效益。

以下是实施QC小组活动的作用、原则和具体步骤：

1. QC小组的组建

（1）QC小组的定义。

QC小组，即质量管理小组，由生产现场或班组其他岗位的员工自愿组织起来，运用质量管理的基本理论和方法，在生产现场开展群众性的质量管理活动，解决生产现场所存在的问题，改善和改进有瑕疵的产品质量。实践证明，QC小组是班组质量管理的一种有效的组织形式。

（2）QC小组活动的作用。

①有利于开发班组员工的智力资源，提高员工的综合素质。

②预防生产现场出现质量问题，并不断地对质量进行改进。

③有利于改善班组的人际关系，强化班组的团队意识和质量意识，从而提高班组的工作效率。

（3）组建QC小组的原则。

①自愿参加、自愿结合。

②由上而下、上下结合。

③由领导、技术人员、工人三结合组成。

（4）QC小组的人数。

QC小组组成人员不宜过多，以3～10人为宜。

（5）QC小组组长的职责。

①组织小组成员制订活动计划。

②负责进行工作分工。

③带领小组成员按照计划开展活动。

④负责小组的联络协调工作。

⑤定期向上级领导汇报小组活动情况，争取支持和帮助。

⑥经常组织小组成员学习质量控制知识，提高小组成员的质量意识和业务能力。

⑦关心和团结小组成员，为小组成员创造一个宽松的环境，增强小组的凝聚力。

⑧经常组织召开小组会议，研究解决各种问题。

⑨对于每一次小组活动，都予以记录，并负责整理。

2. QC 小组活动步骤

（1）活动课题的选择。

QC 小组活动在开展活动之前，应根据企业的方针目标、班组的生产实际、生产现场所存在的薄弱环节、客户或下道工序的需要等，选择合适的课题。

QC 小组的选题范围通常会涉及生产现场的各个方面，因此，选题的范围比较广泛。

一般有以下几方面：

①设备管理。

②提高出勤率。

③提高工时利用率。

④加强定额管理。

⑤开发新品。

⑥开设新的服务项目。

⑦改善环境。

⑧提高产品质量。

⑨降低生产成本。

⑩提高劳动生产率。

⑪加强安全生产。

⑫治理生产现场的“三废”。

⑬提高用户的满意率。

⑭加强企业内部管理。

⑮加强思想政治工作，提高职工素质。

（2）选题要求。

①要具体明确。

②周期短、见效快。

一个课题通常应在3～6个月完成，最多不超过1年。

（3）对生产现场现状的调查。

通过对生产现场的实地调查，或运用其他形式，如运用数据、问卷调查等方式，明确所要解决的问题，并确定解决问题的主攻方向，为设定目标提供依据。

（4）设定目标。

小组选定课题以后，就应确定比较合理的目标值。但要注重目标值的定量化。这样，才能使小组成员有一个明确的努力方向，便于开展检查，也便于评价小组的活动成果。小组制定的目标内容，应经过小组成员讨论，认为通过努力可以达到所设定的目标，才可以付诸实施。

（5）原因分析。

小组在开展活动时，应运用恰当的工具，按照人、机、料、法、环、检测等6大因素进行分析，从中找出造成质量问题的具体原因，并确定主要原因。小组要充分发扬民主，发动全体组员对调查后所掌握到的现场情况，动脑筋、想办法，依靠掌握的数据进行分析，找出问题的原因。

（6）制定对策。

小组在制定对策表时，应多问几个为什么，如：

①达到什么目标。

②什么时间完成。

③如何执行。

④在哪里执行。

⑤谁去执行。

⑥为什么要制定对策。

（7）实施措施。

当制定了对策和措施后，就要按照措施进行计划分工，并付诸实施。此时，小组长要组织成员定期或不定期地对实施情况进行研究，并随时了解课题的进展情况；一旦发现新问题，就要及时进行研究，并对措施计划予以检查，以求圆满地达到活动目标。

（8）检查效果。

措施实施后，小组应对实施的效果进行检查。在进行效果检查时，应把实施措施的情况进行对比，重点看其实施后的效果是否达到了所预定的目标。如果达到了预定的目标，那么，小组就可以按照计划程序，进入下一步工作；如果没有达到预定的目标，就应对执行计划的情况及计划的可行性，进行实事求是的分析，找出其中存在的原因，以便在下次执行中加以改进。

（9）制定巩固措施。

小组在执行计划后，如果达到了预定的目标值，就表明该课题的完成已获得成功。但为了巩固成果，小组应将一些行之有效的措施或方法，作为工艺规程、工作标准、管理标准等，经上级领导审定后，形成有关标准或制成文件。如果课题的活动内容，仅涉及本班组，可以岗位责任制、班组守则等形式，加以巩固。

（10）分析遗留问题。

小组通过一轮活动后，取得了成功的经验和一定的成果，可能会存在一些遗留问题，这时，就要进行分析，如果属于质量隐患，可将其作为下一次活动的课题。

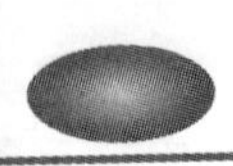

(11) 总结成果资料。

小组开展的一次活动结束后，应总结活动的情况和成果，这是自我提高的重要环节。因此，必须让全体成员认真总结经验，找出存在的问题，为下一次活动打下坚实的基础。

班组 QC 小组要经常开展活动，每次活动取得成果后，应将遗留问题作为小组下个循环的课题。不过，如果找不出遗留问题，那么，可以提出新的计划。这样，就使 QC 小组的活动能够持久、深入地开展下去，提升产品的质量水平。

QC 激励，如何进行

QC 小组活动已经在很多企业的班组生根开花，收到了显著的效果。有些企业的班组虽然成立了 QC 小组，但却流于形式，不能收到预期的效果。而有些班组，就连 QC 小组都没有成立。因此，必须建立激励机制，鼓励班组员工开展 QC 小组活动，充分发挥广大员工的聪明才智，为企业在市场经济中发展壮大作更多的贡献。

根据管理心理学家的研究，我国很多企业在激励员工方面存在着极大的潜力，由于缺乏激励，员工的积极性尚有 2/3 左右未能发挥出来。如果能够把注意力放在调动员工的积极性上，做好激励方面的工作，将会收到意想不到的效果。所以，建立健全 QC 小组活动的激励机制，可以充分发挥员工的创造性，它是提高职工质量意识的基本手段。

此外，员工潜能也能够通过激励充分发挥出来，员工能够认识到自身的价值。

1. 理想与目标激励

员工如果有远大的理想，有崇高的精神境界，那么，他对人生就会抱有积极的态度。理想可以分为社会理想和个人理想，有理想，就能够为改变企业或班组的落后面貌贡献一份力量；有理想，就能干一番事业、攀登科学技术高峰、成为一名优秀的员工或劳动模范等。这些都可以对员工的工作、学习积极性产生持久的作用。

因此，班组应当把对员工的理想教育，当作激励的一种重要手段，帮助员工树立社会理想，并把个人理想与社会理想结合起来。应该使员工认识到，企业的兴衰，将直接影响到员工的收入和个人的发展；同样，员工工作的好坏、勤奋的程度不同，除得到不同的报酬外，也会影响到企业的效益。

员工的工作与企业的发展关系十分密切，为此，应激发员工参加 QC 小组，积极投入到各项质量改进活动中，为企业和班组的发展作出贡献；同时，职工通过参加活动，又可增长自己的才干。

员工大都希望不断获得成功，而成功的标志，就是达到预定的目标。人有了目标，才感到有奔头，才能产生动力。因此，目标也是一个重要的激励因素。

2. 荣誉激励

每个人都有荣誉感，都有自尊的需要。对做出成绩的员工给予表彰，发给荣誉证书等，可以满足员工自尊的需要，从而达到激励目的。

班组对取得成果的 QC 小组，尤其是对评选出的优秀 QC 小组，授予荣誉称号，发给荣誉证书，给予表彰。这样，QC 小组的每个成员，都将为获得这一荣誉而感到自豪，同时也会为维护这一荣誉而努力。

3. 物质激励

在生活中，每个人对金钱、物质都有一定的需求，工资、奖金和各种公共福利等，关系着员工的生活质量。因此，物质激励是最基本的激励手段。物质刺激不仅能够增加员工的收入，优化员工的居住条件，同时也对员工的社会地位、社会交往，以及学习、文化娱乐等方面产生影响，给予员工精神上的满足。QC 小组取得了成果，创造了效益，应根据

按劳分配的原则给予物质奖励。

4. 关怀与支持激励

领导应重视、关心和支持 QC 小组的活动，在领导的关心和支持下，员工参加 QC 小组活动的积极性会更加高昂起来，从而把 QC 小组活动搞得更加出色。

在日本的很多企业里，员工都十分重视 QC 小组活动。QC 小组在发布成果时，企业的主要领导人通常都会参加会议，并亲自给优秀 QC 小组颁奖，并与成果发表人合影留念。企业领导还邀请成果发表人的家属参加发表会，聆听亲人的发表，与发表人同享所受到的尊敬和获得的荣誉。

在中国企业里，对于 QC 小组活动，各级领导也都十分重视。他们把 QC 小组活动，看成是员工成才的有效方式和提高企业素质的一种重要手段。因此，当 QC 小组发布成果时，领导都会参加，帮助员工总结经验，提出改进意见，并激励员工积极投入到 QC 小组活动中。在这些企业里，QC 小组活动开展得越来越好。领导支持和关心 QC 小组活动，对小组所需要的资金、物品、时间、场所等方面，也给予大力支持，并帮助他们解决一些横向协调的问题。领导尽可能挤出一点时间，亲自参加 QC 小组的活动，这样会使小组成员感到领导的关心和支持，从而提高他们活动的积极性。

5. 培训激励

QC 小组开展活动需要专业知识，因此，必须对 QC 小组成员定期进行培训。培训对员工也是一种激励作用，既可以满足员工求知的需要，又可以提高员工达到目标的能力，胜任更艰巨的工作。

对于有些普遍开展 QC 小组活动的企业来说，要对员工进行 QC 小组的基本知识培训，使他们能够胜任 QC 小组的日常活动的开展，然后选派 QC 小组骨干到上级举办的 QC 小组骨干培训班进行系统的培训。如此反复，就能更加激发起员工开展 QC 小组活动的积极性。

第五章 安全管理，常怀忧患意识

◎ 第一节　安全管理的基本内容

◎ 第二节　劳动保护管理，树立自我保护意识

第一节 安全管理的基本内容

安全规范管理，常抓不懈

企业是生产单位，在安全方面，稍加不注意，就容易发生爆炸、火灾、机械伤害、有害气体中毒等事故。只有强化各项安全制度的落实，并采取强有力的监督和预防措施，才能最大限度地避免各类事故的发生。

从近几年企业所发生的重大事故来看，大多是班组对建立安全责任制的工作抓得不紧不实，或在制度的执行上不坚决，形成有章不循的现象；部分员工有令不行，有禁不止；少数班组长只顾埋头抓生产，对安全抓得不严，最终酿成重大恶性事故，造成无法挽留的后果。

班组安全操作规程是经验的积累，也是用汗水和血的教训凝聚的，因而它是全体管理人员和员工必须遵守的规则，具有一定的权威性和约束力。安全操作规程既有权威性，又有科学性、实践性；在企业，上级主管部门与基层班组共同探讨和研究，在班组、具体工种、员工安全职责的基础上，制定了符合生产安全实际的安全操作规程。

班组长要带头遵守安全操作规程，还要带领和督促员工按照安全操作规程进行作业。下面是班组安全责任制案例。

1. 班组安全责任制

（1）班组要定期组织员工开展各种安全活动，每次活动须做好安全活动记录，提出改进安全工作的意见和建议。

（2）班组长在每天的班前会要有关于安全的专题讲话；班后要进行安全总结。

（3）班组成员要严格遵守安全生产的各项规章制度，对违章作业进行坚决制止，并及时报告。

（4）组织专人检查监督本班组、岗位人员正确使用及管理好劳动保护用品，以及各种防护用具及灭火器材。

（5）班组开工现场一旦发生事故，应及时了解情况，维护好现场，救护伤员，并向上级报告。

（6）对新工人进行班组、岗位安全教育。组织岗位技术练兵，开展事故救援预案演练。

（7）班组安全员接受车间安全员的业务指导，负责本班组的安全工作。

班组制定的安全生产规章制度，是以本企业和所在车间的安全生产责任制为核心的，它指导和约束班组成员在安全生产方面的行为，是班组成员安全生产的行为准则。其作用是明确班组内各岗位的安全职责，规范班组成员安全生产行为，建立和维护安全生产秩序。

在现实中，不可能完全做到令行禁止，个别员工违章的事例，也会时有发生。对于违章者，班组要坚持教育和处罚同时实施的原则，既坚持岗位责任制度的严肃性，又要保证对员工教育的深入性。班组可以根据违章的性质、可能导致的后果及产生的影响，对违章者认真严肃处理。在处罚的过程中，要坚持公正严肃，避免在违章者的心里产生不良反应。同时，还要加强对班组员工的安全制度考核，使安全规范管理真正落到实处。

2. 班组安全制度考核

班组的安全制度考核主要分为 4 个方面：

（1）安全生产责任制的考核内容。

①明确班组长安全生产第一责任人的地位。

②执行安全生产“五同时”（计划、布置、检查、总结、评比安全工作）。

③危险作业、临时性作业必须有安全要求、可靠措施和安全责任人。

④应用目标管理、安全检查表、安全评价等科学管理方法。

⑤在分散作业和集体操作时，每个作业点有安全负责人。

（2）安全操作规程的考核内容。

①清楚危险点、重点控制部位、设备等有没有安全防范措施和应急救援措施，并能熟练掌握。

②安全操作规程健全和执行情况。

（3）安全教育的考核内容。

①班组长安全培训合格并有证书。

②对调换工种、复工人员进行安全教育。

③特种作业、特种设备人员持证上岗、按时复训。

④对新工人进行班组安全教育，并考试合格。

（4）安全检查制度的考核内容。

①坚持安全巡查检查制度并有安全值日记录。

②正确使用个人劳动防护用品。

③作业现场的设备、工具符合安全要求，工具、物料摆放整齐，做到地面清洁、通道畅通。

④作业人员、指挥人员遵守劳动纪律，没有违章操作、违章指挥的现象。

班组安全教育，不能忽视

在班组安全管理中，安全教育占有十分重要的地位，起着很大的作用，是保证安全生产的重要手段。班组员工通过安全知识教育，可以学到一些科学知识，提高安全生产的操作技能，为安全生产创造有利条件。随着现代企业的发展，新技术、新设备以及新的操作方法，对员工的知识素质和安全素质的要求越来越高。尤其是那些从事高空建筑、矿山、危险品生产等行业的企业员工，更需要具备系统的安全知识，需要熟练掌握安全生产的技能。

现代企业的员工对于不安全事故隐患及突发事故等，要有预防和应急处理的能力。为了适应现代化生产经营对生产技能的要求，从业人员必须接受安全生产技术知识和能力的安全生产教育。如今，企业都建立了“三级教育”制度，收到了很好的效果。所谓“三级教育”，是指对于员工定期进行厂级、车间级、岗位的安全教育，它也是安全生产教育培训最基本的制度。通过“三级教育”安全生产培训，使员工提高对“安全第一，预防为主”理念的认识，提高安全责任感；同时，也提高遵守各项安全生产规章制度的自觉性。在现实中，我们看到，一些没有实施“三级教育”的企业班组，员工们的安全意识明显淡薄，而且，那里也是安全事故的高发区。

1. 厂级安全教育的内容

（1）向员工宣讲安全生产及劳动保护的意义、任务、内容及其重要性，使员工树立起“安全第一、预防为主”和“安全生产、人人有责”的思想意识。

（2）介绍企业新设备分布情况，重点介绍要害部位、特殊设备的注意事项等；同时，还要介绍企业最新修订的安全生产规章制度，如安全生产责任制、安全生产奖惩条例、防护用品管理制度、防火制度，等等。

（3）介绍企业员工安全奖惩条例，以及企业内设置的各种警告标志和信号装置等。

（4）介绍企业各单位典型事故案例和教训，抢险、救灾、救人常识以及工伤事故报告程序等。

厂级安全教育一般由企业生产安全部门负责进行。讲解时，应配以

图片，并发放一本浅显易懂的安全生产手册。

2. 车间安全教育内容

（1）介绍车间的概况。

如车间生产的产品、工艺流程及其特点，车间安全生产组织状况及活动情况，车间危险区域、有毒有害工种情况，劳动防护方面的规章制度，对劳动保护用品的穿戴要求和注意事项，以及车间事故多发部位、原因、特殊规定和安全要求，车间常见事故和对典型事故案例的剖析，车间安全生产中的好人好事，车间文明生产方面的具体做法和要求等。

（2）根据车间的特点，介绍安全技术基础知识。

如冷加工车间的特点是电气设备多、起重设备多、运输车辆多、各种油类多、生产人员多、生产场地比较拥挤等，要教育工人遵守劳动纪律，穿戴防护用品，小心衣服、发辫被卷进机器，手被旋转的机具擦伤；要告诉工人在装配、检查、拆卸、搬运工件时，防止碰伤、压伤、割伤；调整刀具、测量工件、加油，以及调整机床速度时，均须停车进行；在擦车时，要切断电源，并悬挂警告牌；工作场地应保持整洁；砂轮表面和托架之间的空隙不可过大；站立的位置应与砂轮保持一定的距离和角度，应有安全防护措施等。其他如铸造、锻造和热处理炉房、变配电站、危险品仓库、油库等特殊场所，都应根据各自的特点，对员工进行安全技术知识教育。

（3）介绍车间防火知识。

向员工介绍车间易燃易爆品的情况、要害部位、消防用品放置地点，以及灭火器的性能、使用方法，预防组织情况，遇到火险如何处理等。

组织员工学习安全生产文件和安全操作规程制度，听从指挥，安全生产。车间安全教育由车间主任或安全技术人员负责。

3. 班组安全教育的内容

（1）介绍本班组的生产特点、作业环境、危险区域、设备状况、消防设施和措施等。

重点介绍高温、高压、易燃易爆、有毒有害、腐蚀、高空作业等方面，可能导致事故发生的危险因素，交代本班组容易出事故的部位和典型事故案例。

（2）讲解本工种、各岗位的安全操作规程和岗位责任。

使员工重视安全生产，自觉遵守安全操作规程，不违章作业，爱护和正确使用设备和工具；介绍各种安全活动以及作业环境的安全检查和交接班制度；一旦出了事故，或发现事故隐患，应及时报告领导，采取措施。

（3）讲解如何正确使用劳动保护用品。

在机床转动时，不准戴手套操作；女工进入车间戴安全帽，进入施工现场和登高作业时必须戴好安全帽、系好安全带，工作场地道路要畅通，物件堆放要整齐等。

（4）实行安全操作示范。

组织重视安全、技术熟练、富有经验的老员工进行安全操作示范，边示范、边讲解，重点讲解安全操作要领，说明什么样的操作是危险的。

安全检查，不走过场

开展班组安全生产检查，就是根据上级有关安全生产的方针、政策、法令、指示、决议、通知和各种标准，运用系统工程的原理和方法，对生产活动中存在的物的不安全状态及时识别，并及时制止班组员工的不安全行为，检查出生产过程中潜在的职业危害。

检查是手段，整改是目的。因此，在检查中要做到三个百分之百：即百分之百登记、百分之百上报、百分之百整改，从而达到消除和控制各种危险因素，防止伤亡事故和职业病发生的目的。

1. 班组安全检查的内容

（1）检查员工的安全责任心是否强，是否树立“安全第一”的思想。

重点检查班组员工是否已经掌握安全操作技能，以及是否自觉遵守安全技术操作规程、遵守各种安全生产制度；对于不安全的行为，是否敢于进行制止和纠正。

（2）检查本班组员工是否具有正确的安全生产工作的认识。

是否贯彻了党和国家有关安全生产方针政策和法规制度，是否执行了班组安全生产责任制。

（3）检查员工的不安全行为和不安全的操作。

①检查班组员工有无忽视安全技术操作规程的现象。对于操作无依据，没有安全指令冒险进入危险场所开工生产，对运转中的机械装置进行注油、检查、修理、焊接和清扫等，必须立即纠正。

②检查有无违反劳动纪律的现象。对于在工作时间睡岗、脱岗、串岗、开玩笑、打闹、精神不集中等，应予以批评纠正；对于滥用机械设备或车辆等现象要予以处罚。

③检查日常生产中有无误操作的现象。比如：在运输、起重、修理等作业时，信号不清、警报不鸣；对重物、高温、高压、易燃、易爆物品等作了错误处理；使用了有缺陷的工具、器具、起重设备、车辆等。

④检查个人劳动防护用品的穿戴和使用情况。比如：进入工作现场是否正确穿戴防护服、帽、鞋、面具、眼镜、手套、口罩、安全带等；电工、电焊工等电气操作者，是否穿戴超期绝缘防护用品、使用超期防毒面具等。

（4）检查生产现场是否存在“物”的不安全状态。

①检查开工现场的设备安全防护装置是否良好，防护栏、指示报警装置、保险装置、防护罩、连锁装置等是否齐全、是否灵敏有效。

②检查开工现场的设施、设备和工具、附件等是否有缺陷、有效，

安全间距是否合乎要求；此外，现场的电气线路是否老化、破损，机械强度、超重吊具与绳索是否符合安全规范要求；还要检查设备是否带“病”运转和超负荷运转。

③检查易燃易爆物品和剧毒物品的贮存、运输、发放和使用情况。是否严格执行了制度，通风、照明、防火等是否符合安全要求。

④检查开工现场有哪些不安全因素。有无安全出口，登高扶梯、平台是否符合安全标准；此外，工具的摆放、产品的堆放、设备的安全距离、操作者安全活动范围、电气线路的走向和距离等是否符合安全要求，危险区域是否有护栏和明显标志等，也必须认真加以检查。

班组的安全生产检查不仅要查出问题，消除隐患，而且还要发现员工安全生产的好典型，并在一定的范围内进行宣传、推广；在班组内掀起学习安全生产经验的热潮，进一步推动安全生产工作。

安全检查工作切忌浮泛，要扎扎实实地去做，才能发现安全隐患，真正发挥安全检查工作的作用。

2. 安全检查的形式

（1）常规检查。

这是是一种较普遍性的、经常性的检查，是对班组的安全技术、安全管理、职业危害的情况进行常规性的检查。在企业里，企业、车间安全主管部门，都会定期或不定期组织这种检查，此外，班组还经常组织自查。

在此类检查中，安全管理人员作为检查工作的主体，携带一定的简单工具、仪表等，对作业人员的行为、作业场所的环境条件、生产设备设施等，进行定性检查。

（2）专业性检查。

这是针对某项特殊的作业、设备或作业场所进行的安全检查，如有毒有害物品检查、爆炸物品检查等。专业性检查技术性强，对检查人员的要求比较高。

(3）季节性检查。

有些事故带有季节性特点，如冬季的防火检查、雨季前的防洪检查等。为防止在特定季节突发事故，应进行必要的检查。

(4）临时检查。

这是根据当前的工作需要，所组织的临时性检查。如在节假日内，为保障企业的安全，防止因员工休假等因素造成精力分散，引起事故，因此组织此类检查；有的是针对近期煤矿、交通的特大事故频繁发生所组织的安全检查。

班组生产安全检查，是执行企业安全生产方针的一种基本形式，是发现本班组生产中安全隐患的一种重要和行之有效的办法。为了保证安全生产，任何企业的班组，都应该进行有效的安全生产检查。

在对安全隐患进行检查时，应做好记录，并将记录存档。

3. 安全检查记录内容

(1）员工对安全操作规程的执行情况。

尤其是特种作业人员和高危作业场所的员工、管理人员等岗位的操作规程执行情况，要严格进行检查，同时要记录登记。此外，班组对员工是否按要求佩戴劳动保护用品，是否存在“三违”现象等情况，在检查时，也必须进行记录登记。

(2）作业现场与危险设备的安全运行情况。

①对作业现场管道、作业工具的使用规范及摆放、管理等情况进行记录登记。

②对危险设备或危险作业场所管理人员或操作人员，是否安全执行的情况进行记录登记。

(3）设备、设施运行状况的记录登记。

开工现场的各类设施、设备，如：机器设备、供电设备及线路、特种设备、压力容器、压力管道、建筑工程设施等的安全状况，进行记录登记。

（4）对安全设施、设备、装置运行状况的记录登记。

开工现场的各类安全防护设施、设备、装置，如：警示标志、设施、劳动保护用品等的完好状况，进行记录登记。

（5）对化学品的储存分类、使用操作等安全状况进行定期检查、记录登记。

消除隐患，掌握方法

在企业里，班组是基层单位，是企业安全工作的落脚点，搞好班组安全管理工作，是企业安全工作的前提和保障；而班组经常开展安全隐患大检查活动，则是班组现代安全管理的一种方式。

实践证明，班组开展此项活动后，大大降低了安全事故，消除了生产现场的安全隐患；此外，开展安全隐患大检查活动，对加强班组安全管理，提高班组成员的安全意识，调动班组成员搞好安全生产的积极性，杜绝事故的发生等，都具有重要的意义。但是，有些企业的班组却忽视了这一点，眼睛只盯着生产指标，对身边的安全隐患视而不见。班组长对安全管理工作重视不够，员工的安全意识必然淡薄，这样一来，安全事故就会时有发生。

员工有8种不安全行为，可能会造成安全事故：

（1）操作错误，忽视安全，忽视警告，拆除安全装置，人为造成安全装置失效。

（2）使用无安全装置的设备和不牢固设施。

（3）以手工代替工具操作。

（4）穿着不安全装束。

（5）进入危险场所。

（6）攀登或坐在不安全的位置上。

（7）在必须使用个人防护用品、用具的作业或场所中，不佩戴或不正确佩戴防护用品，或使用不合格、不适用的防护用品。

（8）对易燃、易爆等危险物品处理不当，或处理错误。

此外，生产现场如果出现以下几种不安全状态，也是可能引发事故的隐患，它像定时炸弹一样，在你毫无防备的情况下发生，造成严重的安全事故。

不安全状态有以下几种情况：

（1）机器和设备的防护、保险、信号等装置缺乏。

（2）设备维修、调整不当，或保养不良、失修、失灵。

（3）设备在非正常状态下运行，或长期带病运转、超负荷运转。

（4）个人劳动防护用品缺少，或防护用品不符合劳动安全卫生要求。

（5）操作工序设计或相关配置不安全，产品生产流程中有较多的危险因素。

（6）生产场所环境不良，有严重噪声、粉尘、辐射、有毒有害气体等。

（7）危险物品储存方法不安全，或环境湿度不当。

事故是可怕的，它所造成的损失是惨烈的，但事故不是难以预测和防备的。只要把危险预知工作做到位，事故是完全可以避免的。班组危险预知活动，是作业前的科学预测，通过对各种危险因素的预测，使生产现场的安全隐患得到遏制和消除。如果每一名员工都积极参与，班组长高度重视，并加强组织领导，群策群力，定期进行检查，就能够预防事故的发生，把发生事故的可能性降低到最小限度。

以下是安全防范的内容、程序和应注意的方面：

1. 防范安全隐患的内容

防范安全隐患，应明确几个问题：

（1）明确作业人员、作业地点、作业时间。

（2）对作业现场状况了如指掌。

（3）分析隐患的原因。

（4）预知隐患的模式。

（5）落实危险控制措施。

2. 防范安全隐患的程序

可分为5个步骤：

（1）发现隐患、问题。

（2）研究重点。

（3）提出预防措施。

（4）制定预防对策。

（5）监督措施的落实。

3. 做好安全隐患防范须注意的问题

（1）做好安全隐患防范的宣传教育。

班组在辨识安全隐患处的基础上，进行安全隐患防范的宣传教育，开展好考评活动，及时推广隐患分析和宣传活动中好的典型。

（2）班组长要事先准备。

在活动前，班组长要对所要进行的安全隐患防范课题，进行一番准备，以便在活动时的发言有内容、有深度，以此提高活动质量。

（3）全员参加。

要充分发挥班组的集体智慧，调动全体班组成员的积极性，使大家在活动中受到教育。安全隐患防范活动应在活跃的气氛中进行，让所有组员有充分发表意见的机会。

（4）隐患处分析形式要多样化。

班组长可结合岗位作业状况，在作业现场进行直观的、更有效的分析，如画一些作业示意图，召集大家进行分析讨论；也可随着作业现场环境，条件的变化，对隐患处进行动态的分析。

重视消防，学会自救

班组长应该高度重视安全生产工作，生产现场的消防工作也不例外。班组长要狠抓各项消防管理措施的落实，经常对班组员工进行消防知识的培训，使其熟练地掌握各种消防器材的使用，定期开展消防演练，提高员工的消防意识和自救能力。

当生产现场发生火灾时，班组长要带头做到保持镇静，不惊慌失措，更不盲目地行动；带领员工选择正确的逃生方法。由于火灾现场的温度相当高，而且，越来越浓烈的烟雾会挡住逃生者的视线，能见度非常低，甚至在你长期作业的车间里，在那一瞬间，也弄不清楚窗户和门的位置了。在这种混乱的情况下，现场作业人员更需要保持冷静，千万不能惊慌，因为此时如果惊慌起来，就会茫然失措，就会找不到正确的逃生方法，也找不到逃生之路；而如果保持冷静的心态，即使被困火灾中，也可以利用周围一切可利用的条件逃生。

当生产现场发生火灾后，工人们如果按照演练中的程序，采取正确有效的方法自救逃生，才会避免或减少人身伤亡损失。

1. 平房火灾

(1) 判断火势。

当作业现场发生火灾时，要保持镇静，并迅速判断危险地点和安全地点。如果周围火势不大，应迅速离开火场。在撤离时，千万不要盲目地跟在人流后面拥挤或乱冲乱窜，要朝明亮处或外面空旷的地方跑。

如果发现火势尚未对人造成很大威胁，应使用身边的灭火器、消防栓等奋力将小火扑灭，或控制住；如果置小火于不顾，只顾自己逃生，反而会使小火灾酿成大火灾。

（2）逃生时的防护措施。

在撤离火场时，为了防止浓烟呛入肺部，应用毛巾和口罩蒙住鼻子，然后，再匍匐撤离。因为烟气比空气轻，一般飘在空中，只有贴近地面匍匐撤离，才能避免烟气吸入肺部。当穿过烟火封锁区时，应戴上头盔、防毒面具，穿上阻燃隔热服等。如果没有这些防护用具，可向自己的头部或身上浇冷水，或用湿棉被、湿毯子、湿毛巾等将头和身子裹好，然后再冲出火场。

（3）自救办法。

如果身上被火焰包围，千万不要惊跑，或用手去拍打身上的火。此时应该把衣物迅速脱掉；或者就地滚动，以身体压灭火焰；如果附近有水池、小河，可以跳进去将身上的火熄灭。

2. 楼房火灾

（1）不要盲目打开门窗。

当处在楼房的作业场所发生火灾时，不要盲目打开门窗，否则，很可能会引火入室。

（2）不要乱跑或跳楼。

楼房的作业场所着火时，不要盲目乱跑，更不要跳楼逃生，否则，可能会造成不应有的伤亡。

（3）紧闭门窗，隔断火路。

当火焰和烟雾没有蔓延到居室里或者阳台上时，可以撤到那里，然后紧闭门窗，隔断火路，等待救援。如果有水源，可以不断向门窗上浇水降温，以延缓火势蔓延。

（4）避免有毒有害烟气侵害。

当火灾发生时，常会产生对人体有害的有毒气体，因此，此时要预防烟毒，尽量选择在上风处停留，或用湿的毛巾、口罩保护口、鼻及眼

睛，避免有毒有害的烟气侵害。

（5）不可使用电梯逃生。

高层楼房的作业场所失火，不可使用电梯撤离，应通过防火通道走楼梯逃生，因为在失火后，电梯竖井往往会成为烟火的通道；此外，电梯随时可能会发生故障。

（6）可以从二层处跳下逃生。

处在楼房的作业场所，由于火势过猛，逃生的通道被切断，只能从楼房内逃生的，可以从二层处跳下；跳楼时，应尽量朝救生气垫的中部跳，或选择下面有软雨篷、水池、草地的地方往下跳；能够找到棉被、沙发垫等松软物品则更好，或撑一把大雨伞跳下，以减缓跳楼的冲击力。如果从二楼跳下去，一定要扒住窗台或阳台，使自己的身体自然下垂跳下，以尽量降低垂直距离；在落地之前，要双手抱紧头部，使身体弯曲成一团，以减少伤害。

如果地上没有铺上救生气垫，就要选择不坚硬的地面跳；同时，还应先扔下被褥等柔软的东西，增加地面的缓冲；然后，再顺着窗子滑下去，以尽量缩小跳楼的高度，做到双脚先落地。此外，还可以将粗绳索的一头系在窗框上，然后顺着绳子滑落到地面。

（7）要尽量往楼层下面跑。

如果下楼的通道已经被烟火所封阻，那么，应背向烟火方向撤离，再通过气窗、阳台、天台等地方，朝室外逃生。

第二节
劳动保护管理，树立自我保护意识

安全作业，改善办法

对于班组的安全生产工作，班组长一般都不会掉以轻心，因为在很多的岗位上，不出事故便罢，一出事故，必然是机毁人亡的大事。其实，只要在平时认真做好安全和劳动防护工作，事故是可以避免的。对可能会引发事故、隐藏安全隐患的地方，要做到勤检查、细检查；在检查的过程中，一定要细致入微，不能走马看花，一带而过。只有认真细致地检查，才能发现问题；发现问题后，要及时处理和整改，切忌怀有侥幸心理。在施工作业过程中，每个施工作业环节都要符合安全生产的规范要求。这样，才能把事故苗头消灭在萌芽状态。

员工如果不重视安全和劳动防护，哪怕一个小小的细节，也会使你流血，使你的生命消逝。那么，怎样做好施工现场的各种安全防护工作呢?

1. 现场防护

（1）作业现场必须悬挂醒目的安全标语和安全色标，消防道路畅通，材料堆放整齐。

（2）作业人员进入开工现场必须戴好安全帽，穿好工作服、工作鞋，禁止穿高跟鞋、拖鞋进入现场。

（3）生产现场严禁燃火或烧电炉，严禁吸烟；各类油漆和易燃有毒

材料，应存放在专用库房。

（4）使用燃油、松节水、丙酮等调配油料，要带好防护用品，沾染上油漆或油料的棉纱、破布等杂物，要集中存放在有盖的金属容器内，并及时将其处理掉。

（5）改善生产现场的通风状况。

通风方式可分为自然通风和机械通风，员工在自然通风较差的生产现场或封闭的容器内进行作业时，可以选择机械通风，依靠风机产生的压力来换气，以达到除尘、排毒的效果。

（6）加强个人防护措施。

员工在作业时，必须穿戴好工作服、鞋、安全帽等，特殊工种如电焊工、电工在作业时，必须使用相应的面罩、防护眼镜、口罩、手套，穿白色防护服、绝缘鞋，切不可只穿短袖衣或卷起袖子作业；电焊工如果在通风条件差的封闭容器内工作，还要佩戴使用有送风功能的防护头盔。焊工、电工只要注意加强个人防护，完全可以防止焊接时所产生的有毒气体和粉尘，以及触电对自己的危害。

（7）强化劳动保护宣传教育，以及现场跟踪监测工作。

班组应经常对员工进行必要的职业安全卫生知识教育，提高员工自我防范意识，降低职业病的发病率。同时，还应加强生产现场的尘毒危害的监测工作，以及员工的体检工作，及时发现和解决问题。

2. 高空作业防护

（1）凡患有不适宜从事高空作业疾病的人，一律禁止从事高空作业。只有经医生体检合格后，方可进行高空作业。

（2）高空作业区域划出禁区，悬挂警示牌，设置围栏，禁止行人、闲人通行或闯入。

（3）高空作业人员在作业时，必须系好安全带，按规定路线行走，禁止在没有防护设施的情况下，在高墙、挑梁等处冒险攀登或行走。

（4）高空作业处配备必要的照明设备，装置避雷设施。

工伤事故，如何处理

在生产现场，由于各种原因，常会发生工伤事故。事故发生后，现场人员如果惊慌失措，受伤者很可能就会得不到及时救治。那么，如何抓住短暂时间，进行有效的现场急救呢？首先，要熟悉并掌握急救的知识、程序和技能，才能有效地利用时间，对伤者进行急救。

（1）采取人工呼吸等急救措施。

当身边有员工发生工伤事故后，不要惶恐和慌乱；如果自己没有受伤，应关注身边的受伤者；迅速对伤者进行急救检查。在急救检查时，应先察看对方的神志和呼吸，再摸脉搏、听心跳、查瞳孔；检查伤者有无局部创伤，或是否出血、骨折、畸形等，根据伤者的情况，有针对性地采取止血、心脏挤压、人工呼吸、包扎、固定等临时应急措施。

（2）拨打急救电话。

迅速拨打“120”急救电话，联系医疗救护单位，并派人到路口迎候救护人员。

（3）采取正确的救护措施。

如果伤者受到机械外伤，或其他部位受到损伤、剧痛等，引起伤者现场休克，这时，应采取以下措施救护：尽量让休克的伤者平卧，不用枕头，腿部要抬高30度左右。如果是心源性休克，同时伴有心力衰竭、气急，不能平卧时，可以让对方半卧着，但要注意保暖，注意保持安静，尽量不要搬动伤者的身体，如果必须搬动伤者时，动作要轻。

（4）检查伤者的呼吸道。

是否被分泌物或其他异物堵塞。

（5）检查伤者是否出血。

如果伤者出血，进行必要的止血及包扎。

(6) 不要让伤者喝水。

不要给昏迷或半昏迷的受伤者喝水，以防液体进入呼吸道，导致窒息；也不要用拍击或摇动的方式，试图唤醒昏迷者。

(7) 如何做人工呼吸。

做人工呼吸时，应让伤者仰卧着，急救人员位于其头部一侧，捏住伤者的鼻子；深吸一口气后，将自己的嘴紧贴伤员的嘴吹入气体。之后，离开伤者的嘴，放开鼻孔，以一手压伤员胸部，助其呼出体内气体。这样有节律地反复进行，每分钟进行15次。在吹气时，不要用力过度，以免造成伤员的肺泡破裂。

(8) 按摩伤者的心脏。

在对伤者吹一次气后，就做4次心脏按摩。在按摩时，急救者的双手重叠，放在伤者胸部两乳正中间处，用力向下挤压胸骨，使胸骨下陷3cm～4cm，然后迅速放松；在放松时，手不离开胸部。这样反复、有节律地进行。

按摩速度为每分钟约60～80次；按摩时，用力要均匀；所用的力量大小，要看伤者的身体及胸部情况而定；按压时，手臂不要弯曲，用力不要过猛，以免使伤员肋骨骨折。

大多数工伤事故是由于机械伤害造成的。机械伤害使我们的头、颈、胸部、腰部、脊柱、眼、四肢等都有可能被损伤；有些机械伤害会造成人体多处受伤，而且会留下终生痛苦的后遗症。发生机械伤害的事故后，对受伤者的现场急救是很重要的，如果现场急救及时而到位，不仅能够减轻伤者的痛苦，降低事故的严重程度，而且可以争取时间对伤者进行抢救，挽救伤者的生命。

此外，在作业过程中，还可能发生高空坠落的工伤事故。这类事故通常出现在高空作业的岗位，如起重工、架线工、建筑工，这些岗位随时可能发生作业人坠落事故。坠落事故发生后，现场人员不可惊慌失措，更不可扔下伤者，只顾自己逃离，必须对伤者进行抢救。但在抢救时，不能盲目性，应先观察伤者坠落的线路，弄清坠落事故发生的原因，再投入到抢救的行动中去，这样才能避免对伤员的二次伤害，又能科学地进行救护。

对高处坠落的伤者进行现场救护，必须掌握正确的方法，否则会适得其反。

以下是几种急救的方法：

1. 察看伤者的具体伤情

在高处作业时，如果有人不慎坠落，现场员工首先看其是否清醒，能否自主活动，如果能站起来或能够移动自己的身体，而且医院就在附近，可以让其躺下，用担架抬送医院，这样可以争取时间尽快救治。

2. 迅速拨打“120”救护

如果伤者已不能动，或神智显得不清醒，不要把伤者背起来送医院，这样极易拉脱伤者脊椎，造成永久性伤害。高处坠落者往往会伴有颈椎和脊柱的损伤，如果随意搬动伤者，伤到了脊髓，极易引起不同程度的瘫痪，酿成大错。这时最好的办法是立即拨打“120”，请救护车前来运送伤者去医院救治。

（1）拨打“120”时要告知伤者详情。

在电话中要告知伤者性别、年龄、坠落的具体情况、伤情，是否有神志不清、呼吸困难等症状，以便急救人员做好准备，到达后对症抢救。

（2）告知详细地址。

在电话中，要清楚、准确地讲明伤者所在的位置，包括附近的标志性建筑，以及救护车进入此处的方向、位置，特别是夜间，地址越详细越好，以便急救人员可迅速、准确地到达现场。

（3）留下可联系的电话号码并保持电话畅通。

最后，要把可联系的电话号码提供给对方，以便救护人员随时通过电话联络，进一步了解伤情和进行电话指导抢救。说清楚以上内容，得

到“120”指挥中心示意挂机后，方可挂机；然后派人到接车地点，等待“120”出车救护。

3. 现场救护办法

（1）如果怀疑伤者颈椎有损伤。

伤者在坠落时，如果颈椎受到损伤，应把伤者平抬到担架上，派专人牵引、固定其头部，并上颈托。可在伤员颈部的两侧各放一只沙袋，以防伤者头部扭转或屈曲，导致颈椎损伤加重。

（2）怀疑脊柱骨折。

如果伤者在坠落时脊柱可能发生了骨折，那么，应由3~4人站在同一侧，同时托住伤员的头、肩、臀、下肢等处，把伤员平托起来，平放在木板上躺着，并用绷带加以固定。伤者最好取俯卧位，并在胸腹部放一软枕。严禁采用“搬头搬脚”的方式，来移动或搬运伤者，也不可使用普通的软担架搬运。当然，如果有专业的医生护士在现场指导则更好。

4. 外伤出血处理方法

（1）伤者身上如果有较小的伤口，应先用冷开水或洁净的自来水冲洗，但不要去除已凝结的血块。

（2）伤者的腹部出现开放性的伤口，应用清洁的布或毛巾等覆盖伤口，不可将脱出物还原，以免感染。

（3）如发现伤者的耳朵、鼻孔出血，则有可能是脑颅受到损伤，这时，千万不能用手帕、棉布或纱布去堵塞，以免造成颅内压力增高和细菌感染。

如果伤者外伤出血，应立即用清洁布压迫伤口止血，当压迫无效时，可用布带或橡皮带等在出血的部位捆扎：如果是上肢出血，可结扎在臂上1/2处；如果是下肢出血，可结扎在大腿上1/3处。应注意每隔25~40分钟放松一次，每次放松0.5~1分钟。同时做好标记，注意上止血带的时间和放松时间。

5. 昏迷伤者的救治

伤者如果处于昏迷状态，但仍有心跳和呼吸，这时应将伤者的头偏向一边，防止伤者的舌根后倒，使呼吸不畅。此外，伤者口中可能会有脱落的牙齿和积血，应立即予以清除，以免被伤者吸入气管，造成窒息。

对于已无心跳和呼吸的伤者，应立即进行人工呼吸和胸外心脏按摩，等伤者心跳和呼吸恢复后，再将伤者平躺在在硬木板上，及时送往医院抢救。

第六章 人员管理，增强班组凝聚力

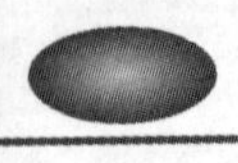

第一节 沟通，班组长必备的能力

善于沟通，班组管理如鱼得水

日本著名企业家松下幸之助曾说：“企业管理过去是沟通，现在是沟通，未来还是沟通。”在松下幸之助的眼里，沟通等同于企业管理，可见，沟通是多么重要。的确，管理工作中离不开沟通，如果缺少沟通，企业就会走向衰败，甚至倒闭。

在企业班组的内部，人际关系有时会变得比较复杂，这样，常常使一些班组长只顾埋头做事，不愿意花费精力和时间与员工沟通。据有关统计，管理中70%的错误，是因为不善于沟通造成的。

沟通就是人与人交谈，通过交谈，把自己的信息传递给对方。在一个班组内，班组长没有把信息及时、准确地传递给每一位员工，或者员工没有正确地理解班组长的意图时，沟通就出现了障碍。而当员工携带错误的信息、指令去工作时，就会使工作发生失误，导致返工等现象出现。有时，会在人际关系上造成误解，破坏了和谐的同事关系。

(1) 对不同的人使用不同的语言。

在班组中，由于员工年龄、文化背景、素养等方面的不同，对一句相同的话，可能会产生不同的理解。因此，班组长在传达重要信息的时候，为了消除对方的语言障碍，可以先把信息告诉不熟悉相关内容的人。如，班组长在分配生产任务之前，可以先拟写一份书面说明，让那些可能听不明白的员工阅读这份书面说明，然后对他们不明白的地方作出解答。

（2）认真倾听员工的发言。

当员工谈出自己的见解和意见时，班组长应当认真地倾听。当班组长听到对方的观点与自己不同时，不要急于先把自己的意见说出来，因为这样会使你不能完整地听清楚对方的话。因此，应当等到对方把话说完之后，再说出自己的看法。

（3）上下属的沟通是相互的。

在班组内，班组长与员工的沟通一定是双向的。同时，班组首先应该建立沟通的渠道，让所有的员工可以畅所欲言，这样，就能及早发现问题并防患于未然。

（4）鼓励员工主动找班组长沟通。

很多员工往往不愿意与上司沟通，以至于很多事情被误会，或被贻误，造成不必要的损失，因此，班组长应该鼓励员工多和大家沟通。

（5）班组长应该积极地和员工沟通。

在实现班组管理目标的过程中，员工作为执行者，很容易发现问题，他们最有发言权。因此，班组长应与下属进行积极的沟通，才能发现深层次的问题和关键性的问题。

（6）避免情绪化行为。

在与员工沟通的时候，由于不理解以及其他的误会，自己的情绪会影响到他们对信息的理解。因此，班组长在与员工进行沟通时，应该尽量保持理性和克制，如果情绪出现失控，则应当暂停沟通，直至恢复平静。

有些班组长也知道沟通的重要性，而且也擅长在不同情况下采取不同的沟通方式，但却不善于抓住最有利的沟通时机，往往凭着一时的冲动，想要沟通时，就找员工谈话；或当自己心情好的时候、有空闲的时候，与员工谈一谈。其实，抓住有利时机进行沟通，才会有效果，如果

时机不成熟，就不要仓促行事。

有些班组长之所以“凭一时冲动”，是因为担心贻误沟通的时机，因为很多信息都具有时效性，如果过时了，只会失去意义。其实，这只是自己的错觉，沟通时机的定位，不应该简单地以“快”作标准。可见，选择一个比较有利的时机进行沟通，成功的可能性会大于不适宜的沟通时间。那么，如何选择恰当的沟通时机呢？

以下是几种沟通的时机：

（1）当员工之间出现矛盾或冲突时。

班组长要了解和分析员工之间产生矛盾的原因，在进行调解时，主要从对方的优点、此事对工作的影响、矛盾的无足轻重等，与当事的双方分别进行沟通。

（2）新老员工交接时。

当新员工到岗时，班长要对新员工明确工作职责、工作内容、工作要求。通过沟通，对新员工的个人情况进行了解，并帮助新员工制订学习培训计划，使新员工能够尽快地融入团队。当老员工辞职时，班组长也要给予充分沟通，对老员工为公司所作过的贡献表示感谢，了解老员工辞职的真实原因和其对公司的看法，便于今后更好地改进工作。对辞退的员工，也要充分肯定其对公司的贡献，做好辞退解释的工作。

（3）员工对自己有误会时。

当发现员工对自己产生误会时，班组长应首先检讨自己，如果自己的工作有不妥当或错误，应列出改进的方案或措施，向员工道歉，并说明自己改进的决心和措施，希望能够得到谅解。如果员工有误会的地方，就要主动向员工解释理解有误的地方，帮助员工重新认识，不可指责员工或对员工不理不睬，使员工的误会不断加深。

（4）员工提出合理化建议或看法。

班组长对员工提出的合理化建议，要通过沟通，表达自己的重视，并及时予以鼓励。如果建议被采纳，应及时通知员工，并对员工进行奖励；如果建议没有被采纳，也应通知对方，并告知未被采纳的原因，表明班组对其建议的重视，肯定其对班组工作的关心和支持，希望他继续提出合理化建议。

（5）阶段性绩效考评结束之前。

绩效沟通是班组长与员工的一种很重要的沟通形式。员工的工作取得一定的绩效，班组长在沟通中要及时鼓励；如果绩效不佳，也要在沟通中指出原因，希望对方下次改正。

（6）员工工作中出现重大问题。

当员工出现这种情况时，班组长要与员工沟通，但要注意沟通时的语气；班组长要本着帮助其发现原因或认识到错误本质的目的，不要一味地加以指责和批评，要注意方式方法，帮助员工在工作上有所提高，而不是为了追究责任。

（7）员工表现出明显变化。

对表现优异的员工，班组长要及时提出表扬；而对表现非常差的员工，要向其指明表现不佳的地方，向他询问遇到了什么问题，帮助对方找出问题的原因，制定改进措施，并在日常工作中不断给予指导和帮助。

（8）员工工作职责、内容发生变化。

当员工的工作职责、内容发生变化时，班组长通过与员工的交谈，向员工具体解释哪些内容发生了变化，而变化的原因是什么，以及这种变化对公司有什么好处等；同时，要征求员工对这种变化的看法；最后，还须对变化后的工作职责、内容进行重新确认。

（9）员工工资、福利或其他利益发生重大变化。

当员工的利益发生重大变化，如工资、福利等，班组长必须对其说明变化的原因；不管是增加还是减少，都要解释变化的依据。尤其是当减少时，更要向员工说清楚上面对调整的慎重态度，并说明在什么时间内会再次作出调整。

（10）公司经营状况、发展战略、组织结构等发生重大变化时。

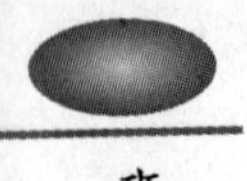

这种情况出现后，班组长应召开全体员工大会，采取正式公布或会议发布的形式，向员工说明清楚；有些特殊的变化，可采用私下沟通的形式进行通报。

(11) 员工生病或家庭发生重大变故时。

班组长平时应关心员工的生活，要对员工生活中的困难多加体谅，并提供力所能及的帮助，培养与员工之间的感情，而不是单纯的工作上的关系。班组长与员工朝夕相处，一旦发现员工出现问题，应随时与员工进行沟通，内容和形式都可以灵活掌握，不过，要注意采取适当的方式和方法。班组长如果忽视沟通工作，那么班组将会成为一盘散沙。

不仅会干活，还要会说话

班组长在与上司和员工的交流中，既需要听，也需要表达。口头表达，也是一门艺术；常言道："一句话，百样说，看你会说不会说。"所谓"会说话"，即：能清楚表达自己的想法，同时还能说服对方，使对方接受自己的想法；即使对方不赞同自己的意见，也不会产生反感，这就达到了沟通的效果。

一些班组长常常因为在表达方面缺乏技巧，在与上司和员工的沟通中，常会引起一些误解和隔阂，以至于与上、下级之间信息渠道不畅通，班组得不到应有的指导，上司也难以得到正确的反馈。与上司、员工之间缺乏有效的表达，有时还会导致与上司、与员工的关系紧张。可见，培养良好有效的表达能力，对于班组长的学习、工作是多么重要。

班组长在与上司、员工沟通时，如果不顾场合或对方的感受，无所顾忌地说话，就容易引起上司和员工的误会，使上司、员工对你产生不好的看法。因此，班组长在与上司、员工沟通的过程中，表达要清楚、恰当。

1. 突出重点

在与上司、员工沟通之前，把自己想要说的话准备一下，从中梳理出重点，让上司在最短的时间内，就能明白你要说的内容。

2. 写下你想表达的关键信息

在沟通之前，先写下你所要沟通的内容，并列出你准备向上司、员工传达的关键信息，这个信息必须具有吸引力而且简洁。可以把自己当成听众，问一下自己："你会想听自己所说的话吗？"

3. 把重点放在上司最希望看到的结果上

假设对方在听完你的陈述后，他会产生什么想法？然后，按照这种思路去准备你想要说的话。

4. 有条有理、结构清楚

如果沟通的时间较短，上司很难将你的字字句句都听进去；如果你准备的话语有条有理，结构清晰，对方听后，就会比较容易理解。

5. 表达要尽量流畅

在表述时，思路要清晰，话语要流畅，使对方听了，感觉很舒服。

6. 注意沟通时的情绪

在与上司、员工沟通时，注意调节自己的情绪，因为情绪具有传染性，当你的情绪始终处在积极高昂的状态时，对方就会受你的影响，对你的谈话产生兴趣。

7. 你和对方之间不要有东西阻隔

在沟通的过程中，尽量与对方的眼神接触；如果你和对方之间有东西阻碍视线，应把东西移开。

8. 变换音量、音调

在沟通时，如果你的语调平平，或者说话无精打采，对方可能会打瞌睡或无法集中注意力。因此，在说话时，可以适当地停顿一下，或沉

默一会，以引起对方的注意力。

9. **保持微笑**

在沟通时，无论你在倾听，还是在说话，都应保持微笑的神情。

10. **用肢体语言表达**

在与上司、员工交流时，不但可以用口头语言来表达，还可以用肢体语言来表达。此时，你可以适当地运用面部表情和肢体动作，表现出你内心的情绪。

耐心·倾听，做善解人意的班组长

班组长在与上司或员工的沟通过程中，倾听具有至关重要的作用。要使倾听在沟通中真正发挥作用，虽然是一件很难做到的事情，但这是使沟通获得成功的基础。

班组长无论是面对上司，还是面对员工，不应一开始就自顾自地说一通，而应先认真倾听对方的话语。倾听不仅是耳朵听到声音的过程，而且是一种情感活动，需要通过面部表情、肢体语言、话语的回应，向对方传递一种信息，这信息便是：我尊重你，很想听你说话。

1. **倾听是一种主动的过程**

班组长在与对方沟通时，要认真倾听，随时注意对方所说的重点。每个人都有他的立场及价值观，因此，你必须站在对方的立场，仔细地倾听他所说的每一句话，不要用自己的价值观去指责或评断对方的想法，要与对方保持共同理解的态度。

2. **倾听时，神情要专注**

在倾听对方说话时，千万不可心不在焉，应以专心的神态，点头或者微笑，以此表示赞同对方的话，表明你与对方的意见相合。

3. 让对方知道你在听

在倾听对方说话时，你可以这样说："是"、"我了解"、"是这样吗"等。这是在告诉对方，你在听，你很有兴趣。

4. 不要插话

在倾听对方说话时，如有必要，可以适当地插话，但不宜多说话，避免喧宾夺主，引起对方的反感。

5. 表示兴趣，保持视线接触

在聆听对方说话时，必须看着对方的眼睛，因为判断一个人是否在聆听说话的内容，是根据你是否看着对方所作出的，没有比真心对人感兴趣更使人受宠若惊了。

6. 让人把话说完

当对方在说话时，你应该在他把自己完整的意见表达出来后，再作出相应的反应；对方停下来时，并不表示他已经说完想说的话。让对方把话说完整，并且不插话，这表明自己很看重沟通的内容。有些人在倾听对方说话时，总是把插话解释作为一种相互交流的方式，但这却是对对方的不尊重。

如果听漏了一些地方，或者不懂的时候，要在对方的话暂时告一段落时，迅速地提出疑问之处。

7. 让对方先开口

倾听对方说话可以培养上下级融洽的气氛，有助于彼此交换意见。倾听时，由于不必担心竞争的压力，也可以专心掌握对方说话的重点，不必忙着为自己的矛盾之处寻找遁词。此外，对方先提出他的看法，你就有机会在表达自己的意见之前，掌握双方意见一致之处。另外，倾听可以使对方更加愿意接纳你的意见，让你更容易说服对方。

8. 注意非语言性的暗示

在和对方谈话的时候，即使双方还没开口，但双方内心的感觉就已

经透过肢体语言清清楚楚地表现出来了。如果你在倾听时态度冷淡，对方也就很自然地表现出冷淡，不愿意多说话。

9. 暗中回顾，整理出重点，并提出自己的结论

当我们和对方谈话的时候，通常都会有几秒钟的时间，在心里回顾一下对方说的话，整理出其中的重点所在。我们可以把对方说的话中无关紧要的细节删去，将注意力集中在对方说话的重点和主要想法上，并在心中熟记这些重点和想法，在适当的情况下，给对方以清晰的反馈。

反馈技巧，必须熟悉

班组长在管理工作中，通过沟通，关心员工。当然，不仅要关心员工的工作和业务能力的提升，还要关心他们的生活，这些都是不能少的。有些班组长强调工作忙，不愿意多花时间与员工进行沟通，其实，磨刀不误砍柴工，很多问题我们如果没有沟通好，就会导致生产管理上发生问题，这对班组完成生产指标和其他方面的发展，都是非常不利的。

在班组管理工作中，员工会向班组长提出一些意见或建议，这些意见和建议对班组的发展或是企业的发展，都不无好处。班组长一定要在沟通中，及时给以反馈，处理好员工的意见或建议。

有些班组长也很重视与员工搞好关系，对经常沟通也不反对，但只是搞形式主义，走过场，起不到实际效果。如果想要通过沟通取得班组管理上的成效，首先要真正关心员工，了解员工的需求，重视员工的意见和建议，尽最大努力去满足员工的正当愿望。对员工们的要求作出反馈，这是与工作本身紧密联系在一起的“激励因素”，使员工感觉到自己被重视；不管自己的愿望和要求是否立即获得满足，但现在已经被重视了，他们也就会感到满意，从而把这种激励用在工作上。员工提出的意见或建议，可能会有以下几类：

（1）薪酬、奖金问题。

员工的工作目的很大一部分是与薪酬相联系的，它直接关系着员工的生存质量问题，所以，薪酬和奖金肯定会是员工提得最多的话题。如，本班组的薪酬、奖金与其他班组的差异，不同岗位、不同职称、不同业绩薪酬的差异，以及薪酬的晋升幅度、加班费计算、年终奖金、各种补贴等，都可能成为员工所要提出的话题。当然，这些也是班组长需要反馈的问题。

（2）工作环境。

员工有时会向上司反映工作环境和工作条件不佳的问题，如果涉及这些问题时，班组长不可以“这是厂部设置的”或“这是厂部规定的”为借口予以推诿，而要积极去与相关部门进行协调，争取在条件允许的情况下，改善一下工作环境或工作条件。

（3）同事关系。

员工之间有时会产生矛盾，班组长不应采取不闻不问的态度，而是要客观地调查事情真相，分清是非，抑恶扬善，这样才会在班组内树立正气。

（4）部门关系。

有时，班组与班组之间会因为各种原因而产生矛盾，班组长应在车间领导的协调下，处理好班组之间的利益、矛盾，不至于影响班组之间的协作。此外，为了达到有效沟通的目的，还可以适时作出以下反馈和应答，以促使对方按照我们的需要予以调整。

以下是反馈和应答的方法：

1. 发出邀请与鼓励的信号

有时，对方可能会出于某种顾忌，而显得吞吞吐吐，比如担心你对其所讲的事情不感兴趣，或担心你是否愿意对他提供帮助，或对你缺乏信任。此时，就需要你进行鼓励，主动邀请对方进行交谈。

（1）直接用语言反馈。

可以这样说："您不必担心，想说什么，就说什么。"

（2）给予鼓励式的反馈。

在倾听过程中，需要给对方反馈时，可以用点头、目光交流等方式，表示鼓励。

2. 回避式的反馈

（1）当对方处在比较痛苦或烦恼的状态时，我们可以这样应答："先把这件事忘了吧，我们来谈些高兴的事。"或直接询问其他问题。

（2）当对方总在唠叨一些无关紧要的事情时，应寻找一些话题，转移其注意力。

3. 安抚式的反馈

当对方在倾诉不满，或抱怨自己受到不公正的待遇时，应向对方解释清楚，并表示安抚。除了语言的安抚外，还可以辅之肢体动作，如向对方投以关切的眼光，或轻拍对方的肩膀，或握住对方的手。这些肢体语言的表达，对缓解对方的情绪具有良好的作用。

在反馈对方时，一定不要掺杂自己的主观情感，否则会引发其他的矛盾。

与上级沟通，取得支持

班组长在平时的工作中，如果没有上司的支持和协助，班组的工作是无法做好的。班组长如果平时不重视加强与上司进行有效沟通，争取上司的支持和协助，将很难在工作中有良好的发挥。因此，班组长主动与上司搞好关系，对自己工作的顺利开展是很重要的。

现实中，一些班组长很有能力，工作中也积极进取，但忽略了与上司沟通，给自己和班组的工作带来了损害。与上司有效沟通，要注意技巧。

（1）尊重上司。

上司也是人，当然也需要尊重。因此，无论你与上司关系有多好，工作中与上司沟通时，不应该无礼，不得因上司的不对而顶撞上司。

（2）与上司沟通要把握尺度。

班组长在与上司沟通时，要维护上司的权威；有些班组长觉得上司的领导能力平平，因而在沟通的过程中，不知不觉地流露出轻视的口吻，损伤了上司的自尊。其实，上司的水平、能力肯定比自己强，只是你没有看到他的优点罢了。再说，不管上司是否值得你敬佩，作为下属的班组长都必须尊重他。

班组长经常与上司成功地沟通，不仅影响上司对你的印象，甚至影响你的工作和前途。此外，你如果对外宣传上司的优点，传到了他的耳朵里，上司会更严格地要求自己，也会更加关心你。

当你与上司谈话时，要采取委婉的语气；不要意气用事，更不能放任自己的情绪。与上司交谈时，要有一个积极乐观的心态。向上司叙述重要事宜，或回答上司提问时，如果做到目不斜视，不但会增强语言的说服力，还会给上司留下精力充沛的印象。

在沟通的过程中，班组长如果把握不好尺度，就不能恰如其分地表达意愿。在沟通时，只要你从工作出发，摆事实、讲道理，就不必害怕表达出自己的不同观点，高水平的领导往往欣赏有主见的下属。

（3）了解上司内心，说合适的话。

班组长只有了解上司的个性心理，才能与上司有效沟通。上司首先是一个人，作为一个人，上司有他的性格、爱好，也有他的习惯和作风。对上司有个清楚的了解，是为了与上司更有效地进行沟通，以便更好地处理上下级关系，做好班组的管理工作。

上司所做的每一件事情，都一定有他的理由。对自己看不惯的方面，你不要不分场合地加以指责和抱怨，更不要当面顶撞或争论，而要给予充分的谅解。

（4）主动与上司沟通。

班组长在工作中要争取上司的肯定和支持，最重要的是要让上司感受到你的坦诚。工作中的事情不要对上司保密或隐藏，要以坦率的态度与上司沟通，这样，上司才觉得你可以信赖。

有些班组长在工作中出现纰漏或错误，就会感到内疚、惶恐，不去主动与上司沟通、交流，而是担心上司责备自己，因而害怕见到上司。其实，犯错误并不要紧，要紧的是你要尽早与上司沟通，以期得到上司的批评、指正和帮助，同时取得上司的谅解。消极地回避，不但不能取得上司的谅解，反而有可能让上司产生误解。

（5）倾听并准确把握上司的意图及目标。

上司与下属在思考问题时，通常所站的角度不同。因此，一定要与上司确认你的理解是正确的，切忌猜想。

（6）与上司沟通应选择时机。

在与上司沟通过程中，上司的心情如何，在很大程度上影响到你沟通的成败。当上司的工作比较顺利、心情比较轻松的时候，如在某些方面取得成绩、获得有关方面的表彰等时候，心情会比较好，这时，是与上司进行沟通的好时机。在沟通时，你要选择一个比较适当的场合，营造一下氛围，选择一个合适的开场白以后，再提出你的问题。我们要向领导提议一件事情，注意场合、选择时机是很重要的。

与上司沟通时，并不一定全在办公室内进行，因为，上司一天到晚要考虑的事情很多，有时候，在休闲中也可以与上司沟通，但要注意场所，选择适当的时机。如果上司心情不好，或者处于苦恼之中，很可能是因为工作头绪繁多，忙得焦头烂额，在这个时候，你最好不要去找上司沟通。

（7）带着方案见上司。

当上司给你的班组分配生产任务或项目时，你一定要在要求的期限内做好解决方案，并带上你的解决方案和分析结论，去征求上司的意见。

不要将问题抛给上司，或列出方案让上司做选择。

（8）定期向上司汇报。

如果项目很大，应该设置不同的小指标，并在某一小指标完成时，及时向上司反馈班组工作的进展状况，确保上司随时了解你的班组工作。

（9）干不了的事，不要打肿脸充胖子。

如果完成某件工作真的有困难，应该直接将原因告诉上司。千万不要只有承诺，而结果却又无法兑现，失去上司对你的信任。

（10）回答上司的提问时做到客观、全面，要就事论事。

当上司问你对某个人的看法时，千万别一股脑地说出你的想法，应该迂回地评论某件事情，不要评论某个人的好坏，因为人非圣贤，孰能无过。与上司沟通，要讲究方法、运用技巧，这样才能有效沟通，保持良好的上下级关系。

有些班组长不愿意和上司沟通，不愿意沟通的理由很多，如工作忙、没有什么话要说等等。尽管这些班组长也觉得与上司沟通很重要，况且上司对自己也算不错，或者彼此并无成见，也没有大的冲突，但在实际工作中，会不自觉地减少沟通的机会，或者减少沟通的内容。这样长期下去，就会给工作造成损失。

以下是须注意的方面：

（1）克服“不要和上司走得太近，别人会有看法”的错误观念。

有些班组长担心被误解为“拍马屁”，因而不愿意与上司走得太近，更不会经常进行沟通了。其实，班组长和上司是上下级的关系，纯属工作范畴，因此，没有必要有这种想法。

（2）克服“不要和上司说得太多，言多必失”的观念。

由于传统文化的熏陶，或因工作中没有取得成绩，使得班组长对上司保持着一定的距离，难以保持经常的沟通。有些班组长觉得，这种不远不近的关系会更加有安全感，因为如果经常沟通，言多必失，不知不觉地会给上司留下不好的印象。其实，在一起工作，彼此都会有所了解，

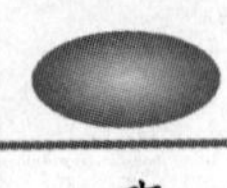

不可能因为你少言寡语，就对你产生好的印象。再说，上下级经常在一起沟通，心贴在一起了，即使你有时说一些偏激的话，上司也不会责怪你的。

(3) 克服“上司对自己的频繁询问是不信任的表现”的错误观念。

不少班组长认为，上级下达给自己工作任务，就应该充分放权，而自己只要做出业绩就行了，上级领导不要对自己工作中的细节问题过于关注，更不要以“沟通”的名义进行干涉，否则会有一种不信任的感觉。其实，班组长如果有这种想法也是不正确的，因为上下级沟通，必然涉及工作方面的内容，上司能够及时给予关注，会使你的管理工作避免走弯路，应该值得庆幸。

(4) 担心在上司面前暴露管理工作中的缺点。

班组长都希望上司看到自己班组管理工作中的亮点和优异之处，而经常与上司沟通，会使上司看出不好的地方，所以，在成绩不突出的时候，这些班组长大多不愿意和上司更多地交流。其实，上司对你的工作早已经了如指掌，即使你遮遮掩掩，上司也会指出你工作中的失误或缺点的。

(5) 太注重上司的态度。

有些班组长和上司平时像朋友一样关系密切，然而，当上司对自己的态度稍显冷淡时，他们会有一种失落的感觉，因而远离上司，当然也很少沟通了。其实，这种做法是不正常的。你与上司是上下级关系，平时交往更多的是为了工作，因此，不要在乎上司的态度。

(6) 只注重工作，不注重沟通。

这些班组长错误地认为：班组长就是抓生产抓工作的，时间紧，任务重，只要能做出业绩，就会得到上司认可，没有必要把时间花在沟通上。其实，工作再忙，也总会有时间沟通的。比如在作业现场，给上司打个电话，说几句生产方面的事情，也算是一次沟通。

班组长如果克服了这些错误的观念，就会注重与上司经常保持沟通，从沟通中及时了解上司的意图，获得上司支持，把握自己未来的工作方向，在计划上统一步调，避免向不同的方向用力，影响班组工作。

与下属沟通，同心协力

班组长想要搞好班组管理，增强班组内部的凝聚力，应该经常与班组成员进行沟通，在沟通中激励员工。现实中，由于班组成员类型较多，事务繁杂，因而要确保良好的沟通不是一件容易的事情。但是，班组内部沟通是否通畅，对于班组的目标达成和执行效率来说，显得十分重要。由此可见，班组长如果不重视与员工保持经常沟通，是很危险的。

与员工达成有效的沟通，就必须建立彼此的信任关系。首先，班组长必须信任自己的员工；同时，也要使员工对你信任。信任是一种“情感账户”，当你真诚地关心员工时，就会不断地累积“存款”，也意味着员工们对你的信任。

当你取得员工的信任时，你的情感账户上的收益可能会增加100元，但当你失去了员工的信任时，损失的金额却可能会高达800元，或者更多。这时，如果想让你的账户回复到原有的水平，你必须花费更多的力气。

（1）在沟通中了解员工的需求。

在与员工的沟通中，必须把期望明白地告诉员工。除了在工作中的沟通以外，还可以通过非正式的方式，如下班后的随意聊天，借以了解员工内心真正的感受或想法，了解员工需要什么帮助，然后竭尽全力帮助员工。

（2）明确目标。

班组长在与员工的沟通中，要经常把班组的工作目标，以及现在具体实施的情形和结果明确告诉员工；同时，争取让员工的认知与自己是

一致的。

（3）透明化。

在沟通时，班组长应主动把班组的目标任务、决策等信息告诉员工，并征求员工的意见。此外，还应让员工了解自己对这些信息的看法，使沟通尽量透明化。

班组长与员工的沟通，其实也是对员工的一种激励行为。在沟通中，班组长对员工的工作进行肯定，加以鼓励，就能激发员工的斗志和献身工作的热情，能够直接影响员工的价值取向和工作观念。根据有关研究：在企业里，实行计时工资的员工仅发挥其能力的20%～30%，而当员工在受到充分激励时，能力可以发挥到80%～90%。

在班组管理中，班组长一般不太知道每一位员工心里的想法，而员工也不知道班组长在想什么，这就需要沟通。通过沟通，班组长与班组员工的心贴在一起，这时，只需要一两句鼓励的话，就能给员工极大的激励。怎样通过沟通激励员工呢？

以下是沟通的几种方法：

（1）以赏识进行沟通激励。

员工通常都会希望能得到上司的肯定和赏识，如果班组长在与员工的沟通过程中，以赏识对方来进行激励，能够较好地满足员工的这种精神需要。班组长要知人善任，对技能高的员工，要为其实现自我价值积极创造尽可能好的条件；对员工的建议、意见等，要及时地给予肯定，因为肯定性评价也是一种赏识激励，能够满足员工精神需要，增强员工的动力。

（2）以心理疏导进行沟通激励。

班组事务繁杂，有的班组长的管理方法比较简单、粗暴，这样难免会损害员工的工作积极性。因此，班组长应当经常与员工谈心，倾听员工心声，消除员工心中的怨气，拉近与员工的距离。

（3）以企业远景进行沟通激励。

企业或班组的远景与每个员工的切身利益密切相连，是员工的工作的主要动力之一。班组长应该善于利用企业或班组的发展远景，对员工进行激励，如班组长可定期举行员工大会，或采取个别谈话等方式，宣传企业或班组的战略规划和未来前景；通过不断提高员工的期望值，来激发员工的工作热情和潜力。这也要求班组长对于企业的发展目标有清晰的了解，同时要制订本班组的发展规划，这样，在沟通时才会有的放矢。

（4）以目标进行沟通激励。

班组根据企业的总体目标，结合每个员工的岗位具体情况，通过上下的反复交流和协商，制订个人的目标，让员工认识到实现目标的意义和价值，并认识到实现目标就能充分满足员工个人的需求。这样，就能发挥目标的激励效果。

（5）以高水平影响进行沟通激励。

班组长的知识水平和工作能力，是管理水平的重要体现，这就要求班组长要善于捕捉各种信息，不断扩大知识面，使自己具备一种不断同外界交换信息的、动态的、不断发展的知识结构。班组长的高水平，在沟通中能产生较强的影响力，使员工能够认同。

（6）以情感进行沟通激励。

班组长在与员工的沟通中，关心员工及其家属的生活、身体健康等，就能与员工建立感情联系，增强员工和班组长在感情上的融合度。当班组长与员工的情感联系一经确立，员工就会把圆满完成生产任务作为情感上的补偿，甚至能做到无私奉献。与员工建立情感联系时，要在无拘无束、员工没有心理压力的情形下进行。

员工之间的矛盾与冲突，处理有术

当班组员工之间发生矛盾时，作为班组长是视而不见，还是认真予

以处理？又如何处理？有些班组长遇到这类事情时，往往不问青红皂白，将双方各打四十大板了事；有的班组长不做处置，结果无错的一方感到冤屈，再次挑起事端，使矛盾进一步升级。

有些班组长偏听偏信一面之词，不作仔细调查，不认真分析，就独断专行地处理，结果使无错的一方反而受到处罚。有些班组长在发现员工之间产生矛盾或冲突时，揪住员工的"小辫子"不放，除了让员工做检讨，还要扣奖金、工资，使员工产生怨恨情绪。这类班组长可能是出于"惩一儆百"吧，希望别的员工以此为戒；但也可能是为了维护自己的尊严，给员工下马威。

不管是何种原因，班组长遇到此类事情时，不可对员工惩处得太过分，或揪住不放，非得把员工彻底整"趴"下不可。而是要对发生矛盾的原因，进行认真、仔细的调查，既要对有错的一方予以惩处，又要给予对方改正错误的机会。而一味地训斥和过分的惩处，可以毁掉一个人，使一个人走向歧途。

1. 与员工性格有关

喜欢与同事争吵、闹矛盾的员工，可能与他们的性格有关联。同样一件不公平的事情，在不同性格的人看来，就会在情绪上引起不同的波动。在现实中，班组里总会有几个员工人际关系很糟糕，对任何事情都不满意；或者会因为一件小事，就可能与他人大动干戈。

这类员工通常在性格上都比较倔强，而且，性格也都比较内向、敏感。他们的心里很难承受一点儿不公，这可能与他们的成长环境有关。

2. 具有传染性

在现实中，常常会出现这样的情景：班组内某一个人际关系很差的员工，在与他人争吵，但很快的，越来越多的员工都加入了争吵的行列。这是因为他们在争吵时，需要听众的认同，所以，他们会不自觉地夸大事件的严重性。这样一来，就会有越来越多的员工偏听偏信，加入争吵

的行列。

3. 如何处理员工之间的矛盾

（1）乐于接受。

争吵者需要听众，当你发现员工在争吵时，不要生气，你可以认真倾听。当你获得他的信任后，他也就不再争吵了。

（2）尽量了解起因。

当你在倾听他的不满时，除了从他口中了解事件的原委以外，如果事情牵涉到各个方面，你还应该听听其他员工的意见。认真听取双方当事人的意见，不要偏袒任何一方。在事情没有完全了解清楚之前，班组长不应该过早地表态，否则只会使事情变得更糟。

（3）平等沟通。

在现实中，有些员工争吵的内容，大多只是芝麻蒜皮的小事，甚至是不合情理的，这类争吵只是来自员工的一种习惯或敏感。对于这种争吵，班组长可以通过与争吵者平等沟通来解决。班组长要认真听取他们的不满和意见，对他们所提出的问题，作出认真、耐心的解答；当然，对于他们不合情理的抱怨谩骂，也要予以批评。这样和他们进行沟通，基本上可以解决问题。

此外，还有一些员工的不满可能会涉及公司的管理，或涉及某些员工的工作问题。对此，班组长还是要冷静地与争吵者进行沟通，先使其平静下来，阻止住对方的不良情绪无限扩散，然后再采取有效的措施，使抱怨得到消解。

（4）处理果断。

班组长在处理员工之间的矛盾时，首先要规范班组工作流程、岗位职责、规章制度等，只有规范管理制度，员工就无话可说。在规范制度的同时，应采取公开、公正的原则。要让当事人参加讨论，共同制订；对制订好的规范制度，要向班组内所有员工公开。只有这样，才能保证管理工作的公正性。如果是员工失职，要及时对当事人采取处罚措施，

尽量做到公正严明。

以下是须注意的方面：

①在与员工沟通时，要努力让自己冷静，不可冲动。

②如果要批评员工，可选择在独处的情况下批评，不要在有旁人或在大庭广众之下，对员工大声呵斥或批评。

③即使在独处的情况下批评员工，也要适可而止，而且要举出事实，选择适当的批评方式。

④在批评员工时，要就事论事、直截了当，不要拐弯抹角，不要使用一些讽刺、嘲讽的语言，要明确地提出问题的重点。

⑤不要一味地指责员工，要有一定的鼓励，还必须站在对方的立场，为被批评的员工着想。

⑥鼓励员工有勇气、有信心改正错误，沟通的过程自始至终应带有激励和期盼的成分。

在班组员工之间，也有不少非原则性的小纠纷、小矛盾，班组长没有必要去耗费精力和时间，去判断是非曲直，也没有必要非去弄个水落石出不可。这时，你可以去引导员工大事讲原则、小事讲风格，以宽容的姿态对待矛盾和纠纷，而不应去和员工一起斤斤计较，反复纠缠。

哪里有人群，哪里就有冲突，这是不可避免的。由于争吵的事件在许多班组都较常见，因此要认真加以解决。

4. 沟通协调一定要及时

班组长一旦发现员工之间存在冲突，应马上召集有关人员碰头，积极给以引导，求同存异，把握时机，适时协调。只有及时处理这类事情，才能求得员工之间的共识，使其沟通畅通，而不至于积累矛盾。在对双方进行沟通时，应鼓励双方看到积极的一面。此外，应要求双方都做出承诺，并将双方都希望达成的结果记录下来。

5. 建立支持性框架

有时，对员工双方面对面的沟通，一次仍不能彻底解决冲突，还必须建立支持性框架来推动双方的和解，如约定下次面对面沟通的时间、内容、要解决的问题等。

班组长在与双方进行沟通时，要反复说明：如果这次沟通后，仍然不能解决任何问题，会对企业带来哪些负面影响，而当事者双方都必须对这些消极后果负责。同时，要告诉双方对改善冲突必须做些什么；到了下次沟通时，要说明具体的冲突改善结果、进程和时间表。

6. 一碗水端平

有时，员工之间的冲突比较激烈，班组长在处理时，一定要体现出公正、公平，不偏不倚，一碗水端平，既不能带有任何主观色彩，偏听偏信，又不能偏袒一方。否则，会使争执的一方不满，而使冲突更加激化；甚至，“战火”还可能迅速烧到你的身上，使局面更不好收拾。

7. 置身事外不介入

班组长在处理员工的争端时，有时可以采取置身事外不介入的方法，暂时不指责任何一方，等待时间来消磨化解他们之间的矛盾，这也不失为一种处理技巧。

新员工指导工作，热情、细致

在班组管理中，班组长不仅要管理好老员工，对新员工也要善于引导，使新员工能够尽早掌握日常规范操作，迅速进入现场工作角色。当然，老员工也要挑起这个担子，协助班组长经常与新员工进行沟通，了解新员工的品行和能力等方面的情况，以便有针对性地进行引导和培养。此外，班组长和老员工要手把手地帮助新员工熟悉工作要点和流程，关注并重视他们的建议和意见，对新员工的进步和成长，及时予以肯定。

班组长在给新员工分配工作和任务时，要考虑对新员工是否合适；

同时，在沟通过程中要注意沟通技巧，以建立彼此的信任感。

1. 新员工遇到的问题

新员工来到单位工作，因为是陌生的地方，难免会产生一些不安或恐惧。此外，新员工开始做一份新工作时，往往会遇到很多问题。班组长要及时了解新员工所遇到的问题，以及对新环境的疑虑。

2. 帮助新人摆脱困境

班组长应以诚挚、友善的态度，亲自或指派一个经验丰富的老员工带领新员工参观生产现场、熟悉工作环境；必要时，可以把他们介绍给其他的老员工认识。同时也要告诉那些老员工，这些新员工将要做什么工作。此时，班组长应当让现场的老员工对他们表示欢迎，并记住他们的姓名。下面是具体的做法：

（1）介绍同事和环境。

班组长将新员工介绍给老员工认识，并带他们熟悉一下现场环境，那么，就能很快消除陌生感和疑虑，协助他们更快地进入角色。

（2）介绍企业政策和班组规章制度。

新员工常常会因对企业的政策和对班组的规章制度不了解，从而造成一些不必要的烦恼及错误。所以，在他们报到之初，就要让他们明白与其有关的企业政策及规章制度，包括工作待遇、福利措施、劳资协议、安全法规、行为准则、工作规章制度、奖惩制度、升迁政策、休假制度、不满投诉程序等。然后让他们知道上司对他们的期望是什么，以及他们应该贡献什么。

班组长要让新员工认真解读企业的政策及班组的规章制度，告诉他们只要遵守这些规章制度，就会给自己带来身心健康、生命安全、个人成长等；否则，会使他们认为规章制度对他们有很大的约束，从而对新工作产生厌弃，甚至导致离职。

（3）介绍薪酬制度。

对新员工详细介绍企业薪酬制度，既可提高新员工的士气，也可增强他们的进取心，又可避免一些不必要的误会。新员工对薪水发放时间、上下班时间、加班费情况、保险项目中扣除多少薪水、薪水调整情况、在哪里领薪水、休假、请假等规定，都非常关心。

（4）介绍升职的空间。

企业的晋升机会，对新员工颇具吸引力，因此，班组长应加以说明，但不要作出任何绝对的承诺，否则，今后出现意外情况时，会因为不能兑现承诺而引起纠纷。

3. 指导

在与新员工正式沟通之前，班组长可以先谈一些轻松的话题，以消除新员工的紧张心理。接下来，班组长可以将工作内容、要点、周围环境等向新员工说明；必要时，可以准备一份简单的说明资料，发放给新员工，或让老员工亲自示范一遍，以让新员工在脑海中留下印象。

当老员工解说和示范以后，班组长让新员工尝试跟着一起做。新员工在每做完一步后，做得对就应及时予以肯定和表扬；出现差异了，则要指出错在哪，是什么原因，并让员工自己进行修正。

经验丰富的老员工也可以作为新员工的指导者，在日常工作中，应多做新员工的引导工作。这样，新员工就会减轻对陌生工作的困惑与担忧，同时也可以快速掌握新知识、新技能，尽快进入工作状态。

4. 观察

新员工面对新的工作、新的环境，需要有一段时间的适应过程。在这一过程中，班组长应多对他们进行观察，了解新员工的专长和能力，及时给予适当、明确的指导；同时，再量力委派工作。否则，不仅对其他员工容易造成妨碍，还可能影响到班组的工作效率。

班组管理工作是一项具有挑战性的工作，而对新员工的管理，更不是一件容易的事。如何使新员工尽快融入班组这个团队，是班组长必须面对的课题，把有文化有理想的年轻人，尽快锻造成适应班组岗位、得心应手的技术能手，需要班组长在班组内竭力营造一个适宜的环境，同时，要尽可能创造有利于新员工成长的条件，使他们顺利地度过“磨合期”，及早完成新员工到老员工角色的转换。

第二节 善用激励，让员工干劲十足

适时激励，鼓起下属的干劲

通常来说，每个人都有上进心，但是如何激发员工的上进心，使他们努力学习、工作呢？只有竞争力才能让这潭“死水”活起来，让竞争意识使其重新焕发激情、鼓起干劲。

培养员工的竞争意识，是在提高业务素质的同时，增加他们的危机感，让他们知道不学习、不努力、不好好工作，就会被社会所淘汰。从人性的角度来说，每个人也都有惰性，如果没有压力，没有相互监督和比较，就不会激发出潜能，甚至自己都不知道自身能力大小。当今社会竞争激烈，要想不被淘汰，就必须努力学习、工作，变成一个不可替代的人，只有这样，才能在竞争中立于不败之地。因此，以竞争意识激发员工的干劲和创造力，是成功激励的必要手段。

1. 激发员工的竞争意识的注意事项

激发员工的竞争意识，须注意以下几点：

（1）在公平情况下竞争。

竞争虽然能促进和提高员工的工作效率，但过度的竞争，却会使员工之间的感情恶化。在班组中，如果员工之间的人际关系不够好，就会影响员工的情绪，进而影响生产指标的完成。因此，在班组员工之间开展竞争，一定要在公平的情况下进行。对员工个人来说，应指导他们以标兵为目标，努力超过他们，而不是要以优秀的竞争者为对手，才能使其提高工作动力。

（2）给员工以激情。

只有保持激情，才能具备竞争力。有激情，才有昂扬的精神面貌，这种精神面貌在员工之间相互影响，形成一种相对稳定的精神惯性。

2. 适当地给以压力

适当地给员工以压力，而适当的压力产生一定的动力，有动力就会有活力。当压力使员工的竞争意识增强后，就能有效地激励员工追求上进，激发他们的学习和工作动力，而班组的生产、学习也将生机蓬勃，这是班组长做好管理工作的艺术，也是班组管理工作取得成功的关键。在现代企业班组中，每个员工都应培养自己的竞争能力，使得自己成为不可替代的优秀员工。员工在竞争环境中的自我超越，能更好地将个人价值和企业价值结合起来。

也许对于某一些员工来说，再多的激励都可能起不到效果，但如果给他一种危机感、一种压力时，他们反而会全力以赴地去做，把自己所有的潜能都发挥出来，力争克服危机，克服压力。

当然，在使用这种激励方法时，一定要注意把握好火候。压力就好比是一味猛药，如果使用不当，或经常使用，反而打击他们的工作积极性。而且，经常处于高压力的工作环境之下，只会使员工对工作产生一种厌恶感。

3. 其他激励方法

除了使用压力的激励方法以外，下面的激励方法也可以借鉴：

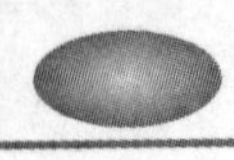

（1）描绘远景。

当有些员工一蹶不振时，班组长要让这类员工了解和看到他们自己努力的成果；他们了解班组目标和个人目标越透彻，对班组的向心力便越高，也会更愿意改变自己。

（2）授权。

在向这类员工分派工作时，可以授予他一定的权利，让他觉得自己是在独挑大梁，肩负着一项完整的职责。

（3）给予好的评价。

当这类员工在工作中做出成绩时，班组长应公开给以赞扬；如果他有错处，应私下提出。

（4）听他们诉苦。

当他找你诉苦时，应耐心倾听，不要打断，也不要急于下结论。当对方倾诉结束后，他的负面情绪也就释放出来了，这时，才能根据实际情况，予以沟通和疏导。

（5）奖励他们的成绩。

对于这类员工在工作上的努力和成绩，要及时给予奖励，以提高他的士气和工作效率，同时也可以帮助他建立信心。

4. 帮助员工找回激情

班组中，有一些员工总是感到怀才不遇，认为自己没有获得重用，或者没有得到与他的能力相对应的报酬，因而整天打不起精神；还有一些员工认为工作难度大，自己不能胜任，因而情绪低落。他们以这种状况去工作，当然不可能将自己的能力充分发挥出来，工作中的难题也不可能得到解决。如果班组内有这类员工，班组长应从以下几方面与其沟通，帮助员工找回激情。

（1）建立自信。

员工在遇到个人问题时，会把负面情绪带到工作上，影响了工作。班组长一旦发现员工为消极情绪所困，首先应当帮助他们建立自信心，不妨让他负责某一项具体工作，让他做出成绩，再及时给以鼓励和奖励。这样，既能帮助他树立自信心，又能使他最大限度地发挥自己的能力，充分体验到个人价值。

（2）关心他的生活和家人。

班组长应与他交朋友，关心他的生活，经常嘘寒问暖。当了解到他和他的家人有困难时，千方百计给以帮助和解决。

（3）鼓励他积极参加社交活动。

员工通常生活在个人窄小的圈子里，缺乏广泛的社交活动。班组长应鼓励他参加社交活动，利用他的特长，经常安排他参加各种技术交流会、技术讲座等，既扩展他的个人小圈子，又发挥他的长处。

（4）多使用正激励，少使用负激励。

当员工工作中出现失误或错误时，班组长不要总是批评或指责，而要给予更多的鼓励，帮其提出解决问题的办法。让他觉得自己做错了不但没有受到批评，领导还能帮助自己弥补工作过失，于是，便心生感激之情。此外，员工在工作中如果表现出色，班组长应尽可能地给予及时的表扬与鼓励。此时的鼓励，是对他的莫大的鼓舞，会焕发出一定的工作激情。

（5）赋予工作使命感。

在沟通中，让员工了解他们工作的意义，可以激发他的工作动力，他的工作劲头也会因此提高许多。

（6）给予自主权。

班组长应给予员工充分信任，充分授权，给予工作上的自主权，哪怕只是很小的权力，也会让他们更有工作动力。

（7）满足员工的需求。

对于员工的私人需求，应在遵守原则和条件允许的情况下，给予充分满足，让他在上班时，不需要为日常生活上的琐事烦心。

（8）表彰贡献。

当员工在工作中做出成绩时，应及时给以表彰，如在班前会上表扬，在一年一度召开的员工大会上予以表彰，等等，效果可能会更好。

表扬有技巧，批评有方法

美国著名女企业家玛丽·凯说过："世界上有两件东西比金钱更为人们所需要——认可与赞美。"

在一些班组，员工做出了成绩，班组长对员工给以真诚的表扬，也就是对员工价值的一种承认和重视。因此，一位经验丰富的班组长，大都能恰到好处地表扬员工，使员工们的精神需求得到满足，并能激发他们潜在的才能。

有些管理者过分迷信物质刺激的作用，其实，在调动员工们的积极性方面，金钱、物质的作用是有限的，而对员工做出成绩的认可和表扬，却使员工斗志倍增。我们每一个人都有较强的自尊心和荣誉感，表扬作为一种有效的激励方式，它和物质、金钱的刺激一样重要。在班组中，如果一个员工在工作上获得突出成绩，而班组长却没有对其肯定和表扬，该员工或其他员工，都会为此而愤愤不平的。这些班组长可能会找出下列理由：

（1）没有时间。

（2）这是人力资源部管的事情，与班组长无关。

（3）不知道如何认可员工。

（4）已经给予员工足够的认可。

（5）员工的绩效还没有达到应该给予表扬的程度。

其实，在各种借口的背后，是某些班组长对员工精神激励的作用认识不足。只要提高了认识，认可员工并不难。

以下是认可和表扬的方法：

（1）写便条。

对成绩突出的员工，班组长可以写一张“谢谢”的小便条，亲手交到员工的手里。

（2）将表扬的员工的名字写在黑板上。

如果班组长认为班组中某个员工的工作干得确实很出色，建议他在“绩效评分卡”的背后，写下“谢谢”，送给应该得到奖励的员工；同时，将该员工的名字写在表扬员工的黑板上。

（3）当面感谢。

找优秀员工谈话，感谢他为班组的发展作出了突出的贡献。

（4）颁发奖品。

颁发给成绩突出的员工一件奖品作为奖励，在奖品上记上这个员工的姓名。

（5）发电子邮件。

在下班后或在上班前，班组长通过电子邮件，对该受奖励的员工说：“感谢您在工作中做出了好成绩。”

（6）指派一个员工去指导另一个人，以此认可他出色的技能或专业技术；同时，也证明你对他的信任和尊重。

（7）准假。

如果员工提前保质保量地完成了工作任务，比规定时间每提早一天，就给他一天休假作为奖励。

员工犯了错误，班组长如果去指责他、批评他，可能有的员工会接受，而有的员工却难以接受。不是说他不肯承认错误，而是你在批评他时，所说的那些话不太适当，损伤了他的自尊。从这一点来说，这位犯错误的员工不是在掩饰自己的错误，而是为维护自己的尊严。

如果你换一种方式，以宽容的态度去鼓励他下次注意，他们不但会注意改进，而且会对你的宽容心存感激。每一个人都会犯错误，员工当然也不例外，优秀员工的成长过程，其实就是一个不断犯错误和不断改

正错误的过程。当发现员工犯错误时，如果你能给员工留面子，又能恰当地批评、指出员工的错误，让其及时发现自己的错误，并尽快弥补过失，找到纠正错误的方法，以后就不会再犯类似的错误了。

反之，如果班组长不懂得如何批评和帮助犯错误的员工，就会降低员工的工作积极性，甚至会与你形成对立面，造成人际关系复杂的局面。

在企业班组中，班组长应当换位思考，设身处地为犯错的员工着想，因为员工在犯错误时，通常很惶恐了，此时作为领导如果给他一个台阶下，让他摆脱尴尬的局面，使他免于丢面子，以后必定会对你更加感激，更加尊重；而且，在今后的工作中，会更加注意避免错误的发生。

正确的做法是：

1. 了解员工为什么会犯错

员工犯错误以后，班组长在处理时，先要客观地了解和分析一下，如果员工是出于粗心大意，使工作出现了错误，可以按照班组的相关规定进行处理，该扣工资的就扣工资，该扣奖金的就扣奖金。但是，如果员工是为了工作中的探索和创新设计，不但不能批评，反而还要加以奖励。对于班组来说，为了创新而犯错误的员工，远比那些怕犯错误而因循守旧、墨守成规的平庸者宝贵。

2. 不能轻率地进行惩罚

员工犯错误时，班组长要深入了解原因。如某位员工经常迟到，主要是因为住得太远，交通状况也不好。如果要惩罚他，员工可能会不服气，可能还会抱怨班组长不体贴他呢。

在这种情况下，可以实行弹性的时间制度，使这类员工避免犯错误。班组长在批评员工之前，应先了解事情的原委，获得第一手资料，认真倾听当事人的解释。这样有助于弄清楚事情的真相，并且了解当事人是否已经认清自己的错误，以便进行恰当的批评。批评的方式有很多种，可以根据具体的当事人和事件进行选择。

（1）以鼓励为主，委婉式批评。

适合性格内向的人，因为此类人对别人的评价非常敏感。

（2）直白式批评。

适合性格固执或自我感觉良好的员工，可以直白地告诉他犯了什么错误，以期对他有所警醒。

（3）点到为止。

适合有轻微错误的员工，可以私下里点到为止。在批评时，坚持对事不对人的原则，这样可以防止让员工认为对他有成见，也有利于当事人客观地对待自己的错误，让员工心服口服。

帮助化解员工的挫折与压力

现代企业在市场竞争中会感受到压力的存在，作为企业基层的班组，也肯定会为压力而焦虑；一些班组长因为繁重的工作压力，几乎每天感觉被压得喘不过气来。他们担心生产指标不能按时完成；担心在生产过程中，会发生机毁人亡的事故；又为班组内几位能力强的员工想要跳槽而郁闷，等等。

如果这些压力过大了，很容易使得人产生负面的影响，使工作效率低下。只有让自己放松压力，变压力为动力，才会让自己的工作、生活节奏疾徐有致。也许压力不是来自于经营方面，而更多的是来自于生产、安全、员工管理等方面，但不管是来自何方的压力，只要积极面对，采取科学有效的方法化解压力，就可以变压力为动力。

（1）心态调整。

班组长在遇到困难时，应采取积极乐观的态度，这不仅会消除紊乱的情绪，也能使自己找到解决困难的方法。

（2）理性反思。

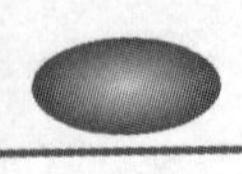

压力降临时，可以进行理性反思，告诉自己，适度的压力能够帮助自我成长。

（3）建立平衡。

当工作产生压力后，不要把它带回家。下班后，最好选择自己感兴趣的活动方式放松一下，如养花、钓鱼、打牌等。

（4）时间管理。

繁忙的工作，把时间表安排得满满的，能够使压力转移。当然，也应权衡各种事情的优先顺序，把重要的事放到首位，防患于未然。

（5）加强沟通。

平时多与上级、同事及下属员工进行沟通，此外，还可以与家人朋友倾诉交流等。

（6）生理调节。

采取深呼吸、跑步等运动方式，加强身体锻炼，保证充足的睡眠和营养。

班组中某些员工因为在工作上或在生活中遇到挫折和打击时，会变得消极起来；对于这些表现消极的员工，班组长一定会感到不满，通常会采取批评、处罚等措施，促使这类员工改变消极的状况。但是，班组长很快发现，对这类员工采取批评、处罚等措施，往往并不能奏效，反而使彼此的关系变得紧张。

由于每个人的人生观、价值观不同，对工作、学习也会有不同的态度，有的人即使遇到挫折，仍保持着积极的心态。而一遇到挫折就表现消极的人，只看到自己劣势的一面，却看不到自己优势的一面，缺乏必要的自信；在工作中表现出懒散、敷衍、不负责任等。班组长应积极寻找方法，改变这类员工的消极状况，使其振作起来，以积极、阳光的态度投入到工作中去。

以下是须注意的方面：

1. 奖金分配是否公平、合理

如果班组里奖金分配不公平、不合理，就容易让员工抱着埋怨心理工作，故意和班组长对着干。如果这时候班组长采取强硬手段去管理的话，很容易走向员工利益和企业利益矛盾的极端对立面。

此时，如果继续允许不公平现象存在的话，无论采取什么激励措施，都是很难平衡员工心理的，也更难平复他们曾经的“创伤”。要想重新激活员工的内在动力，改变他们消极的状态，就要坚决地取消不公平的薪酬分配制度。

2. 班组管理是否缺乏人性化

一旦班组管理过于专制严格，员工都被管得服服帖帖的，就容易形成死气沉沉的氛围，员工是推一下动一下，不推就不动，像机器人一样。专制，代表着抹杀员工的自主能动性，抹杀员工的积极和创意。如果班组又存在不合理的制度和不公平的薪酬分配，员工更是沉默寡言，即使发现了什么问题和隐患，也不会主动提出来。

3. 员工是否有提升、发展的机会

班组能否给员工的自我发展提供平台，关系着员工工作的心态和积极性。如果班组没能给员工提供发展的平台，就要积极地引导员工和企业共渡难关，共同成长。

4. 如何使消极的员工转变过来

（1）恳谈法。

班组长应经常找员工进行恳谈沟通，深入了解员工受到挫折、打击的原因，然后再对症下药，解开他们心中的疙瘩，轻装上阵。

（2）目标导向法。

有些班组长忙于工作，没有把员工的切身利益与工作的目标联系起来并使之成为员工的主观需要，使员工形成积极的工作态度。

（3）宣传教育法。

班组应重视发动员工学习企业文化，以此陶冶员工的情操，帮助员工对企业和班组形成正确的认识，由此改变对工作的错误看法，转变员工消极的工作态度。

（4）榜样示范法。

在班组内树立一些爱岗敬业的先进榜样，以此影响和改变员工消极的工作态度。通过各种宣传方式，使员工了解这些先进人物的思想、情感、行为，使员工的心灵受到触动。

（5）信息沟通法。

班组长在与员工沟通之前，要对沟通内容进行研究，保证有的放矢，信息畅通。

善于营建愉快的工作氛围

在班组内营造良好和谐的人际氛围，不仅是班组管理工作的基础，而且在工作遇到困难时，员工们就会齐心协力、积极主动去克服困难，努力完成工作任务，有效地减少工作中相互推诿和扯皮现象的发生。而班组内如果人际关系不好，就会使班组内整天充满“火药味”，大家都像乌眼鸡似的，你瞪着我，我瞪着你；由于不团结，员工们沮丧、情绪低落，或把时间和精力都耗费在勾心斗角上，影响工作的成效，束缚和压抑了员工的积极性和创造性。班组长要使班组管理工作获得成效，首先要努力营造好班组内部的和谐环境。

现实中，一个班组通常有十几个人，性格各异，朝夕相处，难免会发生一些矛盾或产生一些误会。此时，班组长不能视而不见，更不能偏袒，或从中离间；否则，使矛盾扩大化，以至于班组的工作无法开展。班组长应积极找出发生矛盾的原因，从而化解矛盾。

1. 班组长要按原则办事

班组长在处理问题时，如果仅凭关系亲疏，却不按照原则办事，就会使员工感受到不公平的待遇，很容易产生愤懑的情绪，就容易产生矛盾，发生争吵的现象。

2. 尊重员工的个性

班组中不少员工很有个性，班组长针对这类人，要注意尊重他们的个性，发挥他们的特长，让他们感受到你对他的重视和关注，使他处处体会到自己的价值，从而增强信心，激发出工作热情，形成和谐的集体氛围。

3. 关心和帮助员工

班组员工有时感觉工作不顺利、学习有困难、生活不愉快等，班组长对此要细心观察，只要发现员工的情绪不稳定、状态不佳时，就要及时沟通，对他们的困难和需求给予帮助和解决，使员工感受到班组集体的关怀和温暖。

4. 相互尊重

班组长要引导和教育员工养成相互尊重、相互团结、互敬互让的好习惯，在班组内形成互相关心、互帮互学、自我批评的良好氛围。

5. 不搞帮派

班组长要做到心胸开阔，态度谦虚，有话明说，工作透明；不能在班组内搞帮派，影响和谐的氛围。

6. 建立班组民主管理制度

班组的奖金分配、评先等工作，班组长不能一人说了算，对于这类敏感的事情，要通过民主的制度、民主的方式来解决。

7. 不要歧视后进员工

员工在人格上是平等的，班组长不可对后进或能力弱的员工抱有歧

视态度，相反，要多关心他们，当他们遇到困难、挫折时，更要主动沟通，帮助他们克服困难和挫折，这样才更有利于协调人际关系，从而提高班组的凝聚力和战斗力。

在很多班组长看来，一个班组就是一个家，员工们平时在工作中、生活中，维系着这种“家”的亲情。亲情，不但在有血缘关系的亲人们之间存在，在非亲缘关系的人与人之间也存在，善良和无私都是真挚的亲情。员工是生产产品的，在产品与员工之间，肯定员工是最重要的。任何好的产品都是需要员工去做，如果一个班组的员工不和睦，那么，这个班组的员工就是拥有再好的技术，也会因为各道工序配合不好，而最终影响产品的质量。

优秀的班组长，总会把班组团结得像一个家，把员工当成自己的亲人那样。在优秀的班组长心目中，没有把领导和员工划分得那么清楚，他们和员工之间是平等的，所不同的只是在工作的分配上。也正因为班组长把员工当成家人和朋友，员工们也愿意跟他诉说心里话，在工作之余，会聊聊家常，班组长在这样的聊天中，对员工的基本情况会了解十分清楚，这对班组的管理也有很大的帮助，同时，让员工感受到家的温暖。

具体做法如下：

（1）真诚地对待每一位员工，当员工遇到困难时，要及时伸出援助之手。

（2）班组长平时应经常保持微笑，使员工有一种亲近感。

（3）经常倾听员工的心声，相互沟通，彼此找到共同点。

（4）不要揪住员工的小错误不放。

（5）为员工送上生日祝福和礼物。

（6）员工无意中损坏东西，不要训斥，最好给予安慰。

（7）带领和支持员工参加各项社会公益活动，如赈灾、救助、献爱心等。

第三节 有效利用班会激励员工

班前会作用，重在发挥

班前会是指利用上午上班的前 5～10 分钟的时间，全体员工集合在一起，交流信息和安排工作的一种管理方式。班组长要想召开高效率的班前会，首先就要了解召开班前会的意义、目的是什么。

长期坚持开班前会、高效率地召开班前会，对人员培养和班组建设意义重大，具体表现在以下 6 个方面：

（1）有序安排，提高工作效率。

班前会是一个系统交流的机会，主要总结前一天的生产情况，布置当天的生产任务。班组长在总结问题时，要让大家知道问题的责任人是谁、产生的后果如何，目的是教育员工和防止事故的发生；布置任务时，做好量化的指标，并使大家确认，变被动为主动。

班组长应充分利用每天班前会的机会，把事前策划好的工作，结合接班时的实际状况，向员工布置，这样能降低沟通成本，使大家上岗时目标明确，达到节省时间和提高效率的目的。

（2）营造工作气氛。

上班刚开始时，员工难免还停留在思想松弛、注意力不集中的自由“休息”状态。班前会的目的，就是要使班组员工的身体和心理都快速

进入工作状态，创造适度的工作紧张感。

（3）增强集体观念。

班组成员长期在一起开班前会，能带来“班组一家”的归属感，这有利于提高员工的认同度，强化他们的集体观念，增强他们的自我约束能力。

（4）传达信息，保持良好沟通。

一线员工长期工作在生产第一线，班前会是他们了解企业信息的重要渠道。

（5）培养良好的班组风气。

利用班前会持之以恒地进行员工教育，由个人到群体、积少成多地逐步形成积极向上的班组风气，形成人才培养的良性土壤。

（6）员工教育指导。

班前会是召开频率最高、参与人员最广的班组日常工作会议。昨天出现的问题、今天要注意的事项，班组长都可利用班前会来对员工进行指导和教育，持之以恒，不仅能提高员工的工作意识，纠正员工的不良行为，而且能培养良好的工作风气。

了解了召开班前会的意义和目的后，接下来就要了解班前会的内容。这是召开高效率班前会的重要一步。班前会要讲解的内容主要包括：

①企业经营动态。

②生产信息。

③质量信息。

④现场5S状况。

⑤安全状况。

⑥工作纪律。

⑦班组风气。

⑧联络事项。

班前会每天都要召开，在班前会的内容上，并不是每次都需要面面俱到，而是要根据当天的实际情况，确定当天要讲的主要内容，如：

（1）齐唱厂歌，朗读经营理念。

根据企业要求，由值日员工领唱厂歌、朗读企业经营理念。如果企业没有要求，这一项也可以不进行。班组长可以根据阶段性工作的重点，设计相关的内容由值日者领读。

（2）工作要求。

根据昨天的情况和今天的安排，班组长应该明确提出对大家的要求和期望，包括：时间要求、工作质量要求、工作配合要求、遵守纪律的要求、及时联络的要求等。

（3）工作安排。

安排今天工作是班前会的重点内容，主要包括：今天的生产计划、工作目标、任务分配、人员调配等。班组长在布置工作时，要做到清楚明确，不要含糊其辞造成混淆，讲到具体员工的工作安排时要注视对方，确认对方的反应，确保对方理解到位。

（4）企业相关信息。

根据不同阶段的实际情况，在必要的时候，班组长应向员工传递企业的相关信息，使员工了解生产大局，更好地理解和接受工作要求。企业的相关信息包括：市场和行业动态、客户要求、企业经营情况和发展方向、正在和即将开展的管理活动等。

（5）分享个人感想。

由值日员工与大家分享个人的工作经验、心得体会、自我反省、工作建议等。要求值日员工的讲话内容必须主题明确、表达完整，时间至少要2~3分钟。让员工轮流主持班前会，给予员工总结经验、表达意见和建议的机会，这是班组民主管理的有效途径，有利于提高员工的工作意识、集体观念和班组凝聚力。

（6）工作总结。

班前会主持者请出班组长讲话，班组长首先要对头一天的工作进行

总结。总结头一天的工作，可以从以下几方面进行：有没有未完成的任务，有没有未达到的目标，有没有事故和异常，现场有哪些变化点，以及上述情形带来的反省和要求等。

在总结时，要避免诸如“大家干得都不错”之类大而空的表达，尽可能具体到人、具体到事，有根有据地进行表扬或批评。

（7）特别联络事项。

班前会结束之前，不要忘记问一句：“请问大家还有没有其他事项?”这样，可以避免该通知的没通知等情况的发生。如果没有，即可宣布结束班前会。

了解了以上内容后，班组长如果能够严格执行，就完全可以召开高效率的班前会。但班组长在召开班前会时还要注意的是：

（1）表达“要点化”。

班前会时间短、内容多，因此布置工作要清楚、下达任务要明确，要使全员理解到位，尽量采用“要点化”的表达方法。这样，说的人容易说完整，听的人容易听明白。

（2）公众表达。

主持班前会、安排工作是一种公众表达，其对班组长的基本要求是：镇定大方、吐字清晰、声音洪亮、要点明确，显示出精神饱满、精力充沛、积极乐观、朝气蓬勃的精神风貌。班组长只有在讲话时充满激情，才能激发班组成员的工作激情；如果班组长说话有气无力，听众也必定提不起精神。

班后会作用，不能马虎

开好班后会与班前会，同样需要班组长具备一定的沟通能力，也同样需要管理能力。当然，这些能力不是天生就具备的，要通过实践去学习。所以，学会开好班后会的本事，也离不开工作实践。

当班组的一天工作结束，临近下班前，由班组长主持召开全体班组成员会议，通常称这类会议为“班后会”。班后会的内容是灵活多变的，主要根据班组当天的生产需要来确定，通常是总结、检查当天的生产状况、效率、结果等，同时也总结、检查安全工作方面的问题，并提出整改意见。

1. 班后会的基本要求

（1）班后会必须要求全员参加，对迟到或因其他原因未参加班后会的员工，事后班组长要及时为其解说班后会内容。

（2）每次班后会的时间不要太长，最好不要超过半个小时。

2. 班后会与班前会之间的联系与区别

班后会与班前会的目的是共同的，而内容也是前后承接的，如同一篇文章的上一章与下一章，但班前会与班后会在方式和解决的侧重点方面是不同的。通常来说，班前会是以思想动员的方式，对即将开展的工作进行分解，提出解决的措施，以便有条不紊地开展；而班后会则是以讲评的方式，在总结检查一天所完成的生产任务的同时，提出肯定和不足之处。班前会是班后会的前提与基础，班后会则是班前会的继续和发展。

3. 班后会的主要内容

（1）对当天所完成的生产任务和执行安全规程的情况，简明扼要地做一个小结，既要肯定好的方面，又要找出存在的问题。

（2）对超额、优质完成生产任务的员工，或认真执行安全规程、表现突出的员工，应在班后会上进行表扬。对没有完成任务、产品质量不合格、违章操作的员工，要提出批评教育或处罚。

（3）对当天生产、安全存在的问题，提出整改意见和防范措施。

（4）在召开班后会之前，班组长要全面、准确地了解当天的实际生

产、安全情况，使班后会的总结、讲评具有说服力。

（5）班后会应以表扬和鼓励员工为主，批评和处罚为辅。班组长应注意工作方法，做好员工的思想工作，激励员工更加努力工作。

4. 对实际情况的了解要全面、准确

班组长在召开班后会之前，如果对当天生产、安全的实际情况一知半解，甚至是误解，那么，在班后会上进行总结讲评，就会使员工感到迷惑不解。因此，班组长要全面、准确地了解和掌握班组当天的生产、安全情况。

5. 做好员工的沟通工作

在班后会上，既有表扬，也有批评。有时，批评是指名道姓的，被批评的员工可能一时接受不了，心里有抵触情绪，也有的会因为受到处罚，而产生怨怼心理。因此，班后会结束后，班组长应找他们谈心，帮助他们端正认识，克服消极情绪。

6. 做好记录

班后会虽然每天都要召开，而且召开的时间通常都不会太长，但也应做好记录并存档，妥善保管好。

第七章 目标管理，激励员工的主动性和创造性

第一节 设定目标的原则和程序

目标设定的原则

开展班组管理工作，首先要设定目标。在设定目标时，班组长应和员工们在一起认真反复地探讨，根据班组所拥有的条件和实际情况，最终确定一个合适的目标。当目标设定后，就要努力做到，否则，就会影响下一次目标的制定和实现，造成恶性循环。为了达到这一目的，班组在设定目标时，一定要从实际出发，制定出通过努力就能够实现的目标。在制定目标计划时，应遵循以下基本原则：

1. 明确

要能够以具体、明白的语言，清楚地说明要达成的生产、安全标准。有了明确的目标，就等于有了一个努力的方向。如果目标定得模棱两可，不能够将目标清楚、明白地传达给班组成员，员工在工作中就没有方向感，也没有一个衡量优劣的标准。

2. 合理

设定目标时，要考虑到员工是否有能力执行并达到这个目标，所需要的条件是否已经具备，资源是否充足。如果回答是否定的，那么，就应该对目标进行修订，使其达到合理。

3. 衡量

设定目标应该有一组明确的数据，作为衡量是否达到目标的依据。如果班组所设定的目标没有办法去衡量，那么，就无法判断这个目标能否实现。

如果在设定目标时，有一个定量的可以衡量的分析数据，这类目标是可以执行的，而且也能够顺利实现。为了保证目标能够顺利实现，有些班组通常把目标分解成几个小目标，然后逐步施行。

（1）用数字表现目标。

目标要能够用数字量化，不能量化的不应被称之为“目标”，因为那只是“想法”而已。

（2）目标必须能够验证。

目标的内容要具体，是可以验证的。

（3）必须设定期限。

实现目标要有一定的期限，要明确化，只有这样，才能发挥目标的激励作用。在制定目标计划时，应根据工作任务的轻重缓急，确定出达到目标项目的时间。然后，定期对目标实现的进度进行检查，并及时掌握进展情况，以便调整工作计划。

①长期目标。长期目标通常较宏大，对班组成员有明显的激励作用。长期目标的设定也应明确。

②中期目标。当长期目标设定后，就将它分解为若干个中期目标。比较起长期目标，中期目标实现的可能性又有所增加。设定中期目标的好处，在于中期目标一旦很难实现，那么，就要进行调整。所以，中期目标比长期目标的灵活性要强一些。

③短期目标。短期目标的实现时间要短，通常不超过 3 个月，这样能取得更好的效果。建立短期目标后，全体员工应立即开始行动，通过努力来实现它。

设定短期目标尤为重要，短期为中期服务，中期为长期服务。细分

目标，循序渐进，稳步达到目标。

4. 设定目标要具有挑战性

目标既要合理，符合班组的实际需要，又要具备挑战性。也就是说，如果要达到所设定的目标，一定会有难度，超过自己的能力，不过，通过努力，应该能够克服并达到目标。

目标设定的程序

在制定具体的目标内容时，不仅要以班组发展的方向为依据，还要受班组内外部环境、生产和安全条件、资源等因素的制约。此外，在目标制定的过程中，需要进行规范，并依照一定的程序去进行。

1. 目标的制定过程

目标是班组全体成员努力的方向，员工朝着这个方向采取行动。通常来说，制定目标需要经过若干具体步骤、程序。

（1）调查研究。

班组在制定目标之前，必须进行深入调查研究，并对已经得到的调查研究成果进行详细的复核，然后，再进一步对调查的资料进行整理和研究。调查研究应尽量做到全面，并突出重点。

（2）拟定目标。

在制定目标时，应依据生产现场外部环境、需求、资源等，进行综合考虑，确定目标方向；然后，再全面衡量现有能力与手段等诸种条件，并对现有的水平作出初步的测定，以形成可供决策选择的目标方案。

（3）评价论证。

目标制定出来之后，就要组织有关人员和本班组全体员工对提出的目标方案进行评价和论证。

①要围绕目标方向进行论证和评价。班组应着重研究所制定的目标是否符合企业宗旨和经营理念，是否符合班组的整体利益与发展状况，是否符合班组的发展需要。

②目标的可行性。在制定目标时，应先分析班组的实际状况和能力，找出其中的差距，并尽可能用详实的数据和资料，作为制定目标的依据。

③评价所制定的目标是否完善。

A. 目标是否明确。所制定的目标应当是单义的、明确的，而非多义的、歧义的。

B. 目标内容是否协调、均衡。在很多班组，通常实施多目标决策，而单目标的情况极少。在多目标的情况下，应区分主次轻重，再确定各个目标实现的优先顺序。

C. 能否改善。在实现目标的过程中，会不断显露目标方案的不足之处，此时，就要想方设法使之完善起来。如果无法改善，就要重新制定目标，然后再重新评价论证。

（4）目标决断。

在制定目标时，要从三方面考察目标方案：

①目标方向的正确程度。

②可以实现的程度。

③期望效益的大小。

在考察时，还必须审时度势，掌握好目标决断的时机。从调查研究、拟定目标、评价论证，到目标决断、确定战略目标，这些步骤是一环扣一环的，因此，要稳打稳扎，一步步把工作做好。

2. 目标的设定技术

班组在设定目标时，以下一些常用方法可供参考：

（1）时间序列分析法。

时间序列就是按时间顺序排列的一组数字序列，通过这组数列，对目标进行统计和规律分析，并构造出拟合这个时间序列的最佳数学模型。

然后，再利用这个模型，进行未来预测。

（2）基准分析法。

在更大的范围内，寻找基准，以先进班组为标杆，向他们学习、看齐，并以此为基准，与本班组进行比较、分析和判断，从而设置具有挑战性的目标，目的是赶超先进班组。

第二节 如何有计划地实施目标

目标设定，解决问题

在一些企业班组，虽然制定了明确而具体的目标，员工的素质也不错，但最终没有实现目标。究其原因，不是因为这些班组制定的目标过于模糊，或者制定的目标杂乱，不清晰、不明确，也不是员工的素质和能力达不到，而是因为没有及时跟踪，遇到问题绕着走，结果导致虎头蛇尾、半途而废。

班组制定目标后，还应该进行跟踪。在目标开始实施阶段，要定期检查、确认结果。同时，还应针对目标达成率、生产效率等，多方面进行考评、反省。出现了问题，班组长应带领员工找出原因，并积极寻求解决的方法。可以说，没有跟踪的目标，即使再怎么明确、具体，都没有什么意义。

班组在制定了目标之后，必须相应地建立一份详细的执行计划，列

出执行日程表。当然，日程表不仅仅是张贴在墙上的，而是要把它变成员工的具体行动，以及行动的结果。

班组除了制定一份执行日程表以外，每一位员工也必须制订一份行动计划，并建立日程表，把当日达成的结果、完成的任务量等填写在日程表上。

班组长每天都要检查日程表上的每项内容是否达到了目标。但任何事情都不是一帆风顺的，在目标开始执行后的工作过程中，事情往往变得很复杂。这是由于在班组生产中或管理工作中，常常会出现许多不确定因素，这些因素往往都会影响班组达到目标。因此，班组长必须做好准备，一旦出现了问题，不要临阵惊慌，或干脆不管不问，而应该及时予以解决，否则，很可能导致目标的失败。

当问题冒出来后，班组长的任务不仅是要尽快找出症结，圆满地解决问题，使生产重新回到正确的轨道上，同时，还要处理一些善后问题。最重要的是，要找出具体、切实的措施，避免以后不再发生类似的事情。

1. 明确目的

当遇到问题时，无论是班组长还是员工，都要问一问自己："实现目标的目的是什么？我期望达到什么目的？"这样一来，就会从目标实现的正面效应上获得激励，从而积极主动地去解决问题。

2. 了解现状

了解班组的现状、资源、员工的需求等方面的情况，从中获得动力。

3. 选择方法

用什么方法解决问题？可有三种选择：

（1）向成功的典型学习。可以多找一些这方面的成功典型，看他们怎么做，结合自己的实际，学习他们成功的经验。

（2）改变思维方法。改变思维方法，有时会找出达到目标的捷径。

（3）检验策略。在实现目标的过程中，如果遇到问题，可以对已经

制定的策略进行检验；如果有所偏差，就应该重新制定策略，使其符合达到目标的标准。

4. 联合行动

(1) 资源重组。对资源进行重组，并积极寻求缺乏的资源，以有助于目标达成。在寻求缺乏的资源时，要把力量用在刀刃上，注重资源的品质、人脉的组建等。

(2) 调动各种资源，包括人脉资源，重新投入到行动中去。

5. 检查变通

(1) 检查反馈。在达到目标的过程中，如果遇到问题或阻力，可使用检查表检查目标实施的步骤、标准是否符合方案，一旦发现行动偏离目标，就应该及时校正。

(2) 监控强化。对实现目标的员工应给予奖励，而对于偏离目标的员工应给予更正。

(3) 修正变通。在达到目标的过程中，要培养变通的能力，这样，当出现问题或情况有异时，就可以灵活应对，予以变通了。

6. 坚持不懈

变通与坚持是对立统一的，坚持的是目标，变通的是方法。在达到目标的过程中，即使遇到很大的困难，也永不放弃。但在实现目标的方法上，则可以变通，灵活对待。

班组虽然制定了具体、明确的目标，但不能保证取得成功。要使目标真正有效，发挥作用，达到成功，还必须对目标进行跟踪，这也是提升班组长执行力的重要方面。

达到目标，如何执行

在一些班组，在制定目标时，总会显得雄心勃勃，而在达到目标的

过程中，由于困难重重，问题一个接一个，他们就会打退堂鼓。其实，仔细检查一下，便发现很多是自身原因导致的。

（1）建立模糊不清的目标。

俗话说："好的开头是成功的一半。"如果目标制定得模糊，就注定要失败，因为员工不清楚目标是什么，他们怎么去努力呢？达到目标需要持久的动力和规则的约束，而模糊的目标既不能让人产生动力，也缺乏规则的约束力。

（2）缺乏长期目标。

有些班组只是设定一个短期就能达到的目标，不愿意设定长期目标，认为长期目标很难实现。这样，一旦短期的动力或目标消退后，就会很快放弃。

（3）拖延。

有些班组虽然制定了明确的目标，但却迟迟不愿意采取行动，也就永远不会达到目标。

（4）缺乏自信。

在你努力达到目标时，可能有人会提出疑问，让你丧失信心，因而放弃对目标的坚持。

（5）计划被打乱。

在达到目标的过程中，可能会有紧急的任务要求班组去完成，原来制订的计划被打乱了，时间一长，只好放弃既定目标了。

当你克服上面的缺点和不足时，就可以信心满满地按照以下步骤去做，通过努力，达到目标。

达到目标的具体步骤如下：

（1）写下达成目标的理由。

俗话说："名不正则言不顺。"当员工明白达到目标的重要意义后，就会源源不断地产生动力，并在遇到困难时说服自己全力以赴去克服。

（2）设定时限。

在工作时，如果没有设定时限来集中注意力，工作就很难产生预期的效果。因此，当明确知道目标之后，便要设定明确的完成期限。

（3）掌握达到目标所需的条件。

“知己知彼，百战不殆。”如果不知实现该目标所需的条件，肯定无法顺利地达到目标。最好的办法是根据班组自身的条件和资源，实事求是地去设定目标。

（4）找出目前不能实现目标的所有原因。

在实现目标的过程中，有些班组会突然发现难度很大，这时，就要冷静下来，仔细分析问题，并积极采取适当的办法来解决那些问题。如果问题仍然不能得到解决，就要对目标进行修订，使其适合目标的达成。

（5）绝不放弃。

有些班组只是对目标有兴趣，而一旦付诸行动，却又前怕狼后怕虎，因此无法达到目标。只有对目标不轻言放弃，才能让你成功。

（6）设定时间表。

达到目标的过程中，一定要按照时间表规定的期限完成目标任务。如果中途有紧急任务，耽误了一些时间，那么应加班弥补。

（7）将目标具体化。

每天把目标任务写在板上，挂在生产现场，这样就使目标具体化了，员工每天看了后会加深印象，也很容易理解，操作起来就很简单了。

（8）每天检查成果。

如果坚持每天检查一次，当发现有问题时，就有机会加以修正。否则，问题堆积过多，积重难返，就很难达到目标了。

第十章 做好计划，提高工作效率

◎ 第一节　做好计划，保证生产

◎ 第二节　讲究时效，打好时间这张牌

第一节 做好计划，保证生产

制订计划，符合实际

在班组长的日常工作中，尽管计划多种多样，但值得班组长关心的计划主要分为以下几种：

1. 生产计划

生产计划是关于班组生产运作系统总体方面的计划，是班组在计划期应达到的产品品种、质量、产量和产值等生产任务的计划，以及对产品生产进度的安排。它反映的并非产品生产的细节问题，以及一些具体的机器设备、人力和其他生产资源的使用安排的问题，也并非某几个生产岗位或某一条生产线的生产活动，而是指导班组计划生产活动的纲领性方案。

班组长在接到上级部门传达的生产计划时，一定要了解以下内容：

（1）生产什么东西——产品名称、零件名称。

比如班组要生产一种汽配行业的凸轮，名称代号：TJ536。

（2）生产多少——数量或重量。

客户需要20000只，实际生产时应考虑到可能会有废品、残次品，班组需要投产21000只，方能保证20000只的交货量。

（3）要求什么时候完成——期间、交货期。

如果客人订单的交货期要求在本月的20日，那么，班组生产到完工，应在20日之前完成，以确保客人能在时限内收货。

（4）在哪里生产——部门、单位。

由于生产产品和工序的不同，生产时所需要的车间或部门等地点也不尽相同，这就需要班组长明确每个产品或工序的生产地点。

2. 周工作计划

周工作计划是指班组制定的未来一周的工作纲领，为有效地完成生产计划而制订的辅助计划。

3. 轮流值日计划

轮流值日计划是班组计划中基础的日常工作计划，主要是为了配合轮班和5S活动而制定的值日表。

4. 人员培训计划

人员培训计划主要是指人员在岗培训方面的计划，它是在生产计划的间隙中制订的计划。

5. 班组活动计划

班组活动计划，是一种班组工作空隙中的计划，通常是安排与班组建设有关的娱乐活动。

总之，不管是哪一种工作计划，班组长只有合理安排，认真实施，才能保证班组工作正常、有序地进行。

班组长要想编制好班组计划，就必须了解下面的编制流程：

（1）明确指定班组计划的制订者。

生产计划包括生产部计划、车间计划和班组计划。班组计划由班组长制订。

（2）明确班组计划的制订内容。

班组长应制订翔实的计划内容，这是计划成功与否的基本保障。一般来讲，班组计划主要包括以下内容：

①是否能如期交货，交货期有没有拖延。

②计划指示牌有没有多日不换。

③计划单有没有严重涂改。

④生产现场是否混乱。

⑤现场有没有大量的在制品堆积。

⑥某些零部件是不是堆放好久而无人去处理。

⑦生产所需的物料供应是不是能衔接上。

⑧员工是否有时因忙碌而加班加点，有时因无事而放假。

⑨是否出现有的班组忙碌，有的班组清闲的现象。

⑩班组长询问员工的生产进度，员工是否能够准确回答。

⑪工序之间是否常因不能按时交货而发生争吵或投诉。

（3）班组计划制订程序。

生产计划的编制，是生产管理当中极为重要的一项工作，班组长在编制班组生产计划时，应遵循以下程序：

①调查研究，收集资料。制订班组生产计划的主要依据是：车间生产计划、上期班组计划的完成情况；组织技术措施计划与执行情况；计划生产能力与产品工时、台时定额；物资供应、设备检修、劳动力调配等方面的资料等。

②综合平衡，确定班组计划指标。在编制计划时，要将需要与可能结合起来，把初步提出的生产计划指标与各方面的条件进行平衡，使生产任务得到落实。主要包括：

A. 生产任务与劳动力之间的平衡，测算劳动力的工种、数量，检查劳动生产率水平与生产任务是否适应。

B. 生产任务与物资供应之间的平衡，测算主要原材料、动力、工具、外协件对生产任务的保证程度，以及生产任务与材料消耗水平的适应程度。

C. 生产任务与生产能力之间的平衡，测算设备对生产任务的保证程度。

D. 生产任务与生产技术准备的平衡，测算工艺准备、设备维修、技术措施等与生产任务的适应和衔接程度。

③总结经验。总结上期计划执行的经验和教训，研究本期生产计划的具体措施。

④上报。报请主管批准或备案，最后确定生产指标。

总之，班组长在制订生产计划时，要经过反复核算和平衡，最后编制出班组计划表，交给生产主管或上级领导。

生产型班组生产计划制订

班组的生产计划是根据企业的销售计划制定的，它又是企业制定物资供给计划、设备治理计划和生产作业计划的主要依据。所以，计划生产型班组的计划编制，与产能负荷和日程等方面，都有着非常紧密的联系，它有利于生产计划的组织，保证交期。那么，计划生产型班组应该如何制订生产计划呢？

1. 计划程序

（1）确定计划的内容。

制订一定期间或范围内的生产计划，就必须先确定产品生产的类型、数量，以及生产地点等。

（2）明确计划期间。

就计划生产型企业的生产计划期间而言，一般有年度生产计划、半年生产计划、季度生产计划和月份生产计划。

（3）进行产能、负荷分析。

将要生产的工作量与生产能力比较、分析，加以调整取得平衡，如此才能使生产计划切实可行，这一点是生产计划制订中最重要的一部分。

（4）订立日程计划。

在一定期间的生产计划基础上，应制订日程计划。日程计划就是实施计划，意思是按照详细的时间分别计划如何进行生产。日程计划实际上是按日别或班别，即轮班作业，将要生产的产品数量明确化。制订日程计划，同样也要与现时生产能力进行比较，进行负荷调整，以确保其是具有督查和保证能力的计划。

2. 计划生产量的确定

（1）计算公式。

生产量的确定可通过下面公式计算而来：

①生产计划量 = 该期间销售计划量 + 期末产品库存计划量 + 期初产品库存量。

②销售计划量——以市场需求预测为基础，由销售部门考虑相关因素所计划的量。

③期初产品库存量——在该期间之前已经存在的库存量。

④期末产品库存量——为防备下期需要而预先准备的量。

（2）确定要点。

按上面公式对生产计划量的计算，既适用于“期计划”，也适用于“月计划”。班组长需要注意的是，生产计划的制订，应先制订“期计划”、“月份计划”，然后再制订“日计划”。

3. 生产能力分析

（1）生产能力分析的内容。

①要生产哪些产品？生产进度是怎样的？生产期限是多久？

②生产这些产品需要哪些材料？每种材料需要多少？如何保证这些材料的供应？

③生产这些产品对技术有哪些要求？目前技术力量能否满足需要？如果不能满足，如何解决？

④生产这些产品需要使用哪些设备？需要多少设备？

⑤生产这些产品需要多少人力？现有多少人力？这些人力够不够？如果不够差多少？怎样解决人力不够的问题？是重新组织，还是补充？

（2）了解“重中之重”的要点。

生产能力分析内容所包含的“人力负荷”、“设备负荷”的分析，又是重中之重，班组长应该特别注意。

①人力负荷分析。

A. 计算人力需求。依据生产计划，针对各种产品的数量和作业标准时间，计算出生产每种产品所需的人力，再将各种产品所需人力加总。

B. 比较现有人力与实际需要人力，求出差额。

C. 想办法解决人力不足的问题。

a. 调整负荷，加长工作时间或增加工作天数。

b. 向人力资源部申请补充人员。

②设备负荷分析。

A. 计算各种机器设备的产能负荷，其计算公式如下：

单台设备产能 = 作业时间 ÷ 单位产品标准时间

所有设备产能 = （总作业时间 + 总标准时间） × 设备台数 × 开机率

每日应生产数 = 每种机器设备的合计计划生产数 ÷ 计划生产日期

B. 将所需设备进行分类。根据生产计划，分析完成计划的生产任务需要使用哪些设备，如焊接机、冲压机、车床、注塑机、电镀设备等。

C. 比较现有设备负荷。将按上述方法计算出来的产能负荷，减去现有设备产能负荷，则为产能负荷不足或剩余。

D. 解决设备负荷不足或剩余问题。

4. 月份生产计划拟订

月份生产计划必须每月拟订，月份生产计划不一定只限于一个月期间的计划，也可能是三四个月期间的计划。重复的计划期间，必须重新检讨修正。

每月拟订计划，须解决以下问题：

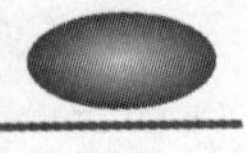

（1）产品的变更。

（2）库存的调整。

（3）销售计划的修订。

（4）生产能力的变化。

同时还需要注意的是，计划期间越短，这期间的变更应该会越少，因而必须充分考虑何时开始计划的实施、何时完成任务及正确确定计划的期间。

5. 日程计划拟订

（1）日程计划拟订要点。

①决定日程计划的条件。

A. 作业本身需要多少工作日才能完成？

B. 各作业必须在哪天开始？在哪天结束？

②拟订日程计划时，要确定下列事项：

A. 必须保证有能力完成生产任务。

B. 对紧急生产量及作业的对策。

C. 对计划变更的考虑及贯彻。

D. 与销售、研发、材料等相关职能部门合作。

E. 日程计划实施部门的工作计划。

（2）日程计划方式。

①负荷管理方式。此管理方式是以各制程为负荷中心，计算目前手头的订货量，对作业的负荷量进行调整，按各中心累计，使负荷与能力保持在同一水平，以便谋求平衡，而制订日程计划的方法。其重心就是产能负荷的分析、调整与能力平衡的对策。班组长在进行复核管理时，必须先明确目前手头的工作何时结束，新的工作何时开始。明确以后，再计算出新的工作大致需要花费多少时间。最后，两者加以合计，即可推定“可完成的日期”。

②基准日程计划方式。此计划方式是使用事先已确定的、从投入到

产出所需日数的“基准日程”来进行计划的方式。基准日程的构成表是基准日程的体现，是将各制程依序排列制作成一表，具体拟订各制程作业，自开始至完成日程。

班组长要想按交货期要求完成产品生产，就必须利用基准日程表来决定何时开始筹备、何时开始生产等，即科学有序地决定缓急顺序，才不至于发生材料、零件的过剩、短缺等现象，才能进行合理的生产。

基准日程计划方式的步骤是：同销售部门协商，确定订货产品的最后交货期；以其最后交货期作为起点，按一定的规则，使用基准日程；使用基准日程，从最后交货期做机械性的倒推算；以一定的规则，计算出“希望完成的日期”。

6. 库存补充方式生产计划

（1）部分产品可能品种多，需求量不大，此时，在控制产品库存不太大的范围内，设定库存的基准，以此作为杠杆；当库存变少时，即安排生产以补充，这种方式，称为库存补充生产。

（2）库存补充生产计划制订方法。

①运用 ABC 分析法，将产品品种按数量的大小顺序排列，确定量大及量小的品种。

②量小而品种多的产品，则设定库存基准，依基准决定须补充的数量。

③量大的品种，以销售计划为基础制订生产计划。

④库存量一旦低于基准值，即进行生产。这种情形下，低于基准值的时期是不定期的，则库存的状况就必须及时、准确把握。

（3）负荷与产能的调整。

库存补充生产时，首先要考虑的是必须补充的量与生产能力的平衡。要很好地运用库存补充量，应进行下述负荷产能调整。

①必须补充的量（负荷）大于生产能力时：

A. 减少某些限定品种的补充量。

B. 与销售部协商，把适当的品种转至下次补充生产。

C. 把低于基准量的少数品种，转至下次补充生产。

②必须补充的量（负荷）小于生产能力时：

A. 把已接近低于基准值的品种挑出，作为本次补充生产。

B. 与销售部门协商，即使未低于基准值，只要品种适当，也可作为本次补充生产。

总之，计划生产型班组的计划编制和制订，一定要详细、明确，使人一目了然，还要使员工能够充分理解到计划内容的重要性。

订单型班组生产计划制订

订单型生产对交货有严格的要求。这类班组的生产取决于客户的要求，有许多不确定因素，因此，订单型生产计划的制订，要更加严密周全，才能保证顺利交货。

1. 订单型生产的特征

(1) 班组管理订单型生产时，要看是否按客户的订单设计生产的形态。其工作的性质，依据客户要求的品种、规格、交货期、价格而定。

(2) 通常订单型生产的客户，对交货期的要求比较严格，且每次下的订单与以前完全一样的产品不多，虽非完全是新产品，但都可能有新的设计，其大小、尺寸、形状等，多少有所改变。

(3) 由于订单型生产中每次下的订单都可能有所变化，则主要的原辅料的购置，都在接单后才展开，多数情况下，采购的前置时间较长。

(4) 在订单型生产中，订单量时大时小，工作负荷变动大。在量大时，外包的情形多。

(5) 尽管是订单型生产，每笔订单中产品的品种、规格等，都可能有所变动。但就一个班组来说，其产品机能是基本一致的。不同规格、型号的产品，总是有一些共同性的元件、零配件。

2. 订单型生产相关计划

（1）产品开发计划。

样品的试制与小量的试制，以及产品开发的进度，是日程计划安排的重要组成部分。

（2）人员计划。

生产现场作业人员的掌握须由生产现场主管负责，生产管理部门只根据编制加以计划安排，但应考虑出勤率。

（3）途程计划。

从途程计划中，可知产能负荷状况，使日程计划的安排更加切合实际。

（4）负荷计划。

做好生产负荷的计划是顺利生产的保证。

（5）出货计划。

按照交货期的优先顺序编制计划，是生产日程计划安排的目的，是生产活动配合的目标。

（6）库存计划。

按库存计划调整长短期订单及季节性产销变化，是生产计划中极为重要的部分。

（7）外协计划。

如何善用及建立各项生产相关计划，直接影响到生产管理工作的进行、生产计划的可行性及落实。

（8）用料计划。

按照生产的需要确定用料，并做好计划，配合生产。

总之，班组长只有适当制订各项生产相关计划，才可完成适时、适量的交货任务。

3. 生产计划的制订要求

订单型生产企业根据客户的需求及班组和企业的生产能力，通常采用如下几种计划方式：

（1）日程计划与实施。

①日程计划的内容。如何对按计划进行的生产预先设定时间、顺序、不同产品和批量的衔接等，都是日程计划要明确的事项或中心内容。

②日程计划拟订要点。

A. 决定基准日程。按照作业的制程、材料，决定开工及完工时期的基准先后顺序。

B. 决定生产计划。按照基准日程、生产能力及出货计划的要求，如日程、生产量等，制订详细的月份生产计划。

C. 研讨均衡生产的可行性。

D. 安排日程。

a. 按照交货期先后安排。

b. 按照客户优劣安排。

E. 前期作业准备。做好充分的生产准备，以及生产日程计划的研讨，确保计划的可行及达成。

③日程计划的实施步骤：

A. 依据生产计划决定月生产计划。

B. 依据基准日程（表）决定产品开工、完工日，以及确定个别制程的标准加工时间。

C. 按照制程资料及机器、人工负荷（工时），决定各制程（工序）开工及完工时间。

D. 按生产日程表明确产品开工及完工日。

E. 按作业日程表明确作业、机台开工及完工日。

F. 确认日程计划的前期生产准备，必要时，调整、修订日程计划（生产日程、作业日程的开工、完工日期）。

④影响日程计划的因素。日程计划是生产作业的具体依据，必须具可行性。为防止日程计划流于形式，有必要了解如下影响日程计划的因素。

A. 紧急订单的处理。

B. 客户订单及需求的稳定性。

C. 长、短期订单的搭配。

D. 季节性的变化。

E. 制造途程的安排。

F. 生产状况的确实掌握。

G. 设备、材料、人员的稳定性以及存货调整的必要性。

（2）周生产计划。

经由“月份生产计划”或“紧急订单”转换制订。

（3）月份生产计划。

经由3～6个月生产计划转换制订。

①计划内容：

A. 当月各规格生产数量。

B. 当月各机种生产数量。

C. 当月生产日期。

D. 生产部门、单位。

②制订依据：

A. 3～6个月生产计划。

B. 订货记录。

C. 紧急订单。

D. 成品库存政策。

E. 当月份各种产品生产数量及日期。

不过，班组长在制订月份生产计划时，还要注意连贯上月、本月、次月的生产计划，以及考虑到人力、材料、机械等各项生产资源的配合

等相关问题。

（4）单季度或双季度生产计划。

①计划内容：

A. 各月份的生产数量、批量。

B. 各规格别的生产数量、批量。

C. 各机种别的生产数量、批量。

D. 各销售别的生产数量、批量。

②订立计划的依据：

A. 订货记录。

B. 各种产品月份批生产数量。

在制订单季度或双季度的生产计划时，班组长还要注意的是，紧急订单必须规定其生产计划方式，每月至少修订一次计划。

应对变化，灵活对待

紧急生产任务泛指那些需要打破常规生产计划节拍，先行制造，急于投入生产的任务这种生产类型不同于常规生产，具体表现为：一是产品出货时间未确定，但越快越好；二是产品出货期限紧迫，超出正常的作业允许时间；三是运输途径改变，可把陆运换成空运。紧急生产任务反映了组织整体的应变能力，是一个具有挑战性的问题。

通常情况下，紧急生产任务产生的影响：一是生产任务来得突然，各种生产准备不一定就绪；二是出货紧急，没有太多的回旋时间处理争议问题；三是可能成品没有进入仓库存储的时间。

当遇有紧急生产任务时，班组长可按如下方法进行处理：

（1）要配合上级领导全力安排完成，不得有任何推脱思想。

（2）最为紧急的，要加班加点地完成。

（3）急事急办，派专人迅速准备“4MIE”事项。

（4）指派得力的员工直接跟踪实施过程。

（5）实行简易式或休克式等方式转产、冻结或清理原有生产过程。

（6）与手头上不那么紧急的产品调节，或调换生产。

（7）预计需要的完成时间，实际完成后立即向领导报告。

班组在进行产品生产时，由于各种因素的干扰，有时候可能会不可避免地出现计划延误这一现象。如果计划延误，班组长无法保证交期，将有可能给企业造成一定的损失。所以，班组长应该学会如何处理计划。

1. 查明并公布延误的原因

当生产班组每日的工作结束后，班组长要总结一天的工作情况，以了解是否有延误情况发生。如生产数量没有按计划完成，比原计划延误了多少件，或者还有其他什么延误，总之要将所有的延误记录下来。

如果班组长发现有影响交货期或产品质量等较为严重的延误，一定要及时报告上司，求得具体指示，同时要在当天的晚会或次日的早会上通报，告知每一个员工出现的延误情况和根源，使大家提高警惕，并提出改善的方法。在这种严肃认真的态度下，员工基本上都会感到事态的严重性，势必会在工作时，有意识地加以改善或纠正。

2. 分析延误的原因

对延误的原因，生产现场的班组长是很容易分析出来的，因为这些都发生在自己的工作环境中。只要稍加留意，就可以探究到延误的根源，比如工具故障修理、新员工作业、停电等。

如果一时难以找到原因，可以向上司报告，共同讨论，也可以广泛征询员工的意见和看法，鼓励大家提出好的方案。利用集体的力量，能够很快找到延误的原因，切不可以敷衍的态度去应付上司和员工。

3. 对延误改善方法的效果进行考核

有的班组长有时候只注重于查找原因，然后对症下药实施解决改善

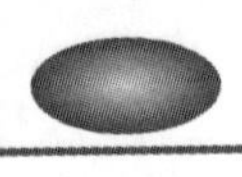

的方法，但却往往忽略了关键的一处，那就是对效果好坏的鉴定。正确的做法是，应总结出哪些方法效果好，哪些方法是效果不理想或是失败的；对好的正确的方法，一定要记入作业指导书、检查基准书或注意事项等相关文件中去。只有这样，才能使改善的结果持久地延续下去，当以后再出现此类问题时，才不会重蹈覆辙。

4. 补救计划

有了改善方法以及对策方案后，要做成补救计划。所谓补救计划，是指在工作时间内完成补救生产的计划，而不是那种累计起来，集中到某一休息日进行加班生产，来达到补救生产目的的计划。

第二节 讲究时效，打好时间这张牌

规划时间，也是计划

合理地分配时间，就是要运用巴列特定律，或称 80/20 原理，来管理自己的时间。巴列特定律，是指把 80% 的时间花在重要的事情上，而把 20% 的时间花在琐碎的小事上。

80/20 原理对班组长的重要启示，是避免将时间花在琐碎的事情上，因为就算班组长为这些小事花了 80% 的时间，他也只能取得 20% 的成效；而掌握重点，则可以让班组长的工作计划不致偏差。一旦一项工作计划必须在危急的情况下完成，犯错的几率就会增加，班组长就很容易陷在日常琐碎的事情处理中。

有效地进行时间管理、有效做计划的班组长，总是确保关键的20%的活动具有最好的效果。所以，班组长应该将时间花在重要的事情上，因为做好了这些重要的事情，你只需花20%的时间，即可取得80%的成效。

班组长只有制订出合理的标准时间，才能让班组的生产、工作更加科学、合理，效率更高。

1. 标准时间的定义

所谓标准时间，指的是适于从事某项特定作业的熟练操作者，在特定的工作环境条件下，用规定的作业方法和设备，以持续工作而又不感到疲劳，并在给予必要的放宽时间的情况下，完成规定的工作数量和质量所需要的时间。

该定义包括以下条件：

（1）标准的作业条件。

①在规定的环境条件下。

②使用规定的设备、工具、夹具。

（2）标准的作业方法。

①按照规定的操作方法和标准的作业能力。

②适合此项工作要求。

③一般熟练程度的员工。

（3）标准的作业速度。

①在身体和精神没有压抑的正常状态下进行工作，不要勉强。

②包含一定的放宽量。

2. 标准时间的作用

标准时间既然是班组生产在进行定量的、科学的判断时最重要的工具之一，那么，它的重要性就不可忽视。但是，现在还有一些班组长没

有认识到标准时间的意义与重要性，他们或是没有设定标准时间，或是将以前使用的标准时间套用在不同的产品和工序上。下面让我们来看看标准时间的作用：

（1）决定正确的作业标准、改善方法。

班组在生产产品之际，必须事先决定好工序与方法。此时，需要从时间和成本方面来探讨不同的方法，并选择最佳的方法。此外，还需要比较、探讨作业方法的改善方案。这些工作，都需要用到标准时间。

（2）可作为新添机器设备的依据。

依据机器产能（换算成标准时间），可得知生产量起伏时所需要的机器数量。

（3）可作为工厂布置的依据。

对产品、过程作了分析，每个作业制定了标准时间，即可测算每个作业（部门）的负荷，依据负荷测算所需的作业空间，可达到更为流畅的工厂布置。

（4）可预估工厂负荷产量。

工厂空间一定，过程上有了标准时间，即可测算工厂产能。

（5）可作为人员增减的依据。

在清楚了制造产品的种类、计划产量、工期、每日计划工作时间及标准时间后，即可计算出所需的人力，有准备地进行增补或调整。

（6）可保证流水线生产的平衡。

一条流水线有很多工序，可依各工序的标准时间来配置人力，使生产线平衡、流畅。

（7）可决定人工成本。

对制造成本及外加工的费用，可以标准时间为基础来进行估算。

（8）效率分析的基础。

在多长时间内，完成多少产品，有了标准时间，就可计算效率。

（9）绩效考评的基础。

有了标准时间，才能获得正确合理的工作效率，通过计算每日的工作绩效，并反映在奖金上，易于激发工作人员的积极性。

（10）减少管理难度。

可通过标准时间量化工作进行评价考核，这样提高了管理透明度，同时还降低了管理的难度。

3. 标准时间的应用领域

标准时间的应用领域是非常广泛的，主要体现在以下几个方面：

（1）日常管理。

其具体内容包括对生产和工作状况的预算控制、成本管理、提高设备利用率，以及监督、指导、研究和改进工作方法，对员工进行操作训练等。

（2）进行评价。

其具体内容包括评价作业方法，进行比较、改进或选择，评价生产设备和工艺装置的设计和选择，评价工作者的劳动效率，评价整体劳动生产效率，制定工作标准。

（3）工作计划。

其具体内容包括：

①估算成本。

②计算设备需要量。

③计算所需工人数量。

④制订生产作业计划。

⑤确定销售价格。

⑥确定一天的工作量。

⑦工序设计或工程设定。

4. 建立标准时间的方法

（1）经验上的估测。

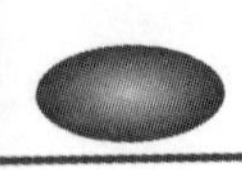

①在作业和时间方面，具有丰富经验和深厚知识的个人对作业时间作经验性估计。这种方法的结果有好有坏，有时会耽搁计划，给其他部门和工序造成麻烦。

②在过去实际资料的基础上，估测平均作业时间及单位时间的产量。采用这种方法的例子也有很多，但有人指出该方法对同一工作的预测时间越长，则越接近于实际时间（即标准过于宽松），因此同样存在着问题。

（2）观察、测定实际作业。

有时人们会通过直接观察、测定实际作业来决定标准时间。通过直接观测设定标准时间的方法，一般可以分为以下三种情况：

①时间研究。使用测量器材（秒表、录像机等）分析作业方法中的作业要素，记录观测时间，与普通速度进行比较，并作出主观性判断，经常应用于设定周期较短、重复较多的作业的标准时间。

②工作采样。提前定义通过随机间隔观察到的对象作业内容，并进行区分记录，然后依据发生比率统计、估算被区分的各类因素的时间。如果想要测定得十分精确，需要观测大量数据。

③生理学上的作业测定。经常使用生理学测定仪器来测量心跳数、氧气消耗量，它直接测定了包括作业时肌肉的疲劳程度等因素在内的作业时间。

（3）利用标准时间的资料。

利用标准时间资料，即利用标准时间数据系统的方法。在标准时间的数据中，包含了一系列的动作，我们可以将其总结成“时间一览表”、“图表”、“算式”等简单易懂的形式。因此，在新产品尚未进入实际作业的阶段，即尚未进行作业观测的阶段，也有可能设定标准时间。我们可以事先研究作业人员在实际作业中的动作，从而计算出时间值。

不过，班组长在建立标准时间时，还要满足三个必要条件：

①标准时间的精确度因目的而定。

②确认作业的持续性及频率。

③为暂定标准时间设定有效期限。

利用时间，工作有成效

班组长有计划、有组织地进行工作，就是最有效地利用有限的时间，去做重要的事情。具体方法是把工作的目标正确地分解成工作计划，通过采取适当的步骤和方法，最终达成有效的结果。可按以下方法来做：

（1）将有联系的工作进行分类整理。

（2）将整理好的各类事务，按流程或者轻重缓急的程度来加以排列。

（3）按照排列顺序，逐个进行处理。

（4）为制订上述方案，安排一个考虑的时间。

（5）由于工作能够有计划地进行，自然也就能够看到哪些工作应该按什么次序进行，哪些工作是可以同时进行的。

有了计划，就必须有行动。行动是一件了不起的事，班组长在采取行动时，一定要注意以下两点：

（1）切实执行你的计划和创意，以便发挥它的价值，因为不管主意有多好，除非真正身体力行，否则永远没有收获。

（2）执行时应准确估计困难，做好各项准备，并在执行过程中，根据环境、条件的改变，作出及时调整。

人类的任何组织，不论大小，都有其周而复始的节奏性、周期性，而班组长作为社会或是企业中的一员，毫无疑问地要与其他部门或他人发生必然的联系。在这种情况下，班组长需要互相尊重对方的时间安排，也就是说要与别人的时间取得协作。

认清并适应企业的节奏性与周期性是成功的要素，班组长也许拥有很好的现场改善的构想，但是如果在生产已经开始、各部门的工作已排得满负荷的时候，才提出自己的构想，很可能就要等到生产任务不是很紧急时（这可能在几个月后），构想才会被慎重考虑，甚至可能会扔到垃圾桶里去。

同样的，当班组长需要到某一部门去参观学习，也需要提前与该部门的人员进行预约，双方共同达成一个有关时间、地点、人员安排等的约定。否则，突如其来的打扰，会令对方措手不及，甚至有可能将你拒之门外。

所以，班组长不妨冷静下来想一想，你是不是也在经常抱怨外部的打扰（电话、来访等）。既然如此，你是不是也应该站在对方的角度考虑问题，严格要求自己，提前做好计划与安排，与他人的时间取得协作，这样就可以少一份慌乱、多一份从容。

时间管理，存在误区

时间管理误区，是指导致时间浪费的各种因素。班组长要想克服这一点，首先必须先明确自己所面临的时间管理误区。

1. 工作缺乏计划

（1）不做计划的原因。

尽管计划的拟订能给班组长的管理工作带来很多的好处，但有许多班组长从来不做或是不重视做计划，原因不外乎有以下几条：

①不了解做计划的好处。

②认为“计划不如变化快”，所以觉得没有必要在行动之前多思考。

③班组管理工作处于执行层面，不做计划也能获得一些实效。

④不知道怎样做计划。与事实之间很难达到一致，所以对计划丧失

信心。

（2）缺乏计划的恶果。

如果班组长工作缺乏计划，通常会导致做事目标不明确，没有进行工作归类的习惯，做事时分不清轻重缓急，不知道如何去合理分配时间。

（3）工作缺乏计划的应对方法。

许多班组长常常以“没有时间”作为不做计划的借口。其实，这种借口是难以成立的，因为越不做计划的人越没有时间，而花时间做计划就等于“投资时间以节省时间”。班组长要学会做计划，并且按照计划来执行，以便使时间使用更有效。

2. 组织工作不当

（1）组织工作不当的表现。

组织工作不当主要体现在以下几个方面：

①“事必躬亲，亲力亲为”，凡事都要自己来做，不肯授权。

②职责权限不清，工作内容重复。

③沟通不顺畅。

④工作时断时续。

（2）组织工作不当的应对方法。

①学会应对请托。对于班组长来说，所面临的请托可能来自下属、领导、其他同级管理者或是企业以外的人士。在很多“请托”中，有的是与职务有关而必须接受；而有的虽然也与职务有关，但“请托”本身却是不合时宜，或是不合情理的；还有一类“请托”，则不是自己的职责范围内必须履行的“请托”。常常困扰班组长的是后两类“请托”。班组长接受“请托”，应注意以下两点：

A. 拒绝。拒绝是保障自己行事按照优先次序的最有效手段。如果因勉强接受他人的“请托”而打乱自己的工作，是不合理的，也是不明智的。

B. 量力而行。班组长在接受“请托”之前，不妨先问问自己：这种

“请托”是在我的职责范围内吗？对实现我的目标有帮助吗？如果不接受它，需要承担什么后果？如果接受它，将付出什么代价？经过这一番“成本—效益”分析之后，你就可以决定取舍了。

②学会授权。对于许多班组长而言，他们经常犯这样的错误：担心下属做错事、担心下属表现太好、担心丧失对下属的控制、不愿意放弃得心应手的工作、找不到合适的下属授权等。其实，每个人的精力都是有限的，尤其是班组长应当学会授权，将主要的精力和时间放在更重要的事情上。

③学会利用资源。对于班组长而言，要善于利用资源，学会从相关的部门或人员手中获取所需的资料，这样既可以节约时间，又可以保证信息的正确性。比如你想了解下个月生产计划的安排，不妨去问问生产计划员和考勤管理员；想了解本月班组考勤信息，不妨去问问生产统计员等。

3. 习惯拖延时间

许多班组长在时间管理上最大的恶习，就是拖延时间，以致到头来一事无成。

（1）习惯拖延时间的原因。

不愉快的事、困难的事、重大决策的事等，都是导致班组长不愿意立即采取行动、一拖再拖的主要原因。

（2）习惯拖延时间的应对方法。

克服拖延的方法，常用的有四种：

①各个突破法。对于令人不愉快或令人感到难办的事，可以将之细分为许多件小事，而且每次只处理其中的一件，那么，处理这种难办的事情就容易多了。例如，一个令人感到尴尬的电话，如非打不可，则可用书面列出以下的行动步骤，逐一解决：

A. 决定何时打电话。

B. 翻阅有关资料并检查全面情况。

C. 查出通话者的电话号码并写下来。

D. 决定到底在电话中应该怎么说。

E. 拨打电话。

在应用这个方法时，要特别注意两点：

a. 每一个行动步骤都必须以书面列明，因为如果不这样做，就可能永远不会针对拖延的事情采取行动。

b. 每一个行动步骤都要非常简单，而且很快就可以做好，使每一个步骤在几分钟之内能处理完。

②平衡表法。这也是一种书面分析法。班组长可以准备一张纸，分成两列，在纸的左边列出拖延的理由，在纸的右边列出办妥拖延的事情的潜在好处。结果你会发现：右边有许多的好处，其中的一项可能是“将讨厌的事做好，轻松了许多”；左边通常只有一两个情绪上的借口，如“可能导致尴尬的局面”“可能令我感到厌烦”等。

采用平衡表法，能够使有拖延恶习的班组长在冷漠与逃避的心态中觉醒，并面对现实。

③思维方式改变法。拖延是一种思维方式所造成的结果，这种思维方式是：“这种任务必须履行，但是它令人感到不愉快，因此我能拖延就拖延，能不做就不做。”如果班组长能将以上的思维方式改为：“这种任务是令人感到不愉快的，但是必须完成它，因此我将立即做完它，以便尽早忘掉它。”这样，拖延的恶习一定会得到矫正。

④避免过分追求尽善尽美法。很多班组长在工作中追求完美，做决策时，他们通常显得过于小心、过于理想化，在遇到重大事件时，便会迟疑不决，总走不出第一步。

A. 一旦你将决策拖延到最后期限才制定，那么，不出错则已，如果出错，则永远无法挽回。

B. 决策环境本身可能具有风险性，也就是具有不确定性，想要获得完备的决策条件是不可能的，所以当机会来临时，应立即进行决策。

4. 进取意识不强

（1）进取意识不强的表现。

常言道："人最大的敌人就是自己。"有些班组长之所以能够让时间白白流逝而毫无懊悔之意，最根本的原因，就是缺乏个人进取意识，缺乏对工作和生活的责任感和认真态度。进取意识不强，主要表现在工作态度消极、做事拖拉、借口繁多、缺乏务实精神、工作时间闲聊等几个方面。

（2）永远保持进取心的方法。

所谓进取心，就是主动去做应该做的事情。进取心是一种极为难得的美德，它能驱使一个人在不被吩咐应该去做什么事之前，就能主动地去做应该做的事。

①要学习不为报酬而工作。作为班组长，每天你都要让自己获得一个机会，使自己能在平常的工作范围之外，从事一些对其他人有价值的服务。在你自动提供这些服务时，你当然明白，你这样做的目的，并不是为了获得金钱上的报酬。你之所以提供这种服务，因为它是你练习、发展及培养更强烈的进取心的一种方式。你必须先拥有这种精神，然后才能在你所选择的工作中，成为一名优秀的人。

②要明白企业需要具有高度进取心的人。不管是什么样的企业，都喜欢那些真正想做事情的人。这些人往往能自觉地、积极地进行努力，并能不屈不挠地把思想付诸行动，影响和带动周围的人去工作。一个人如果进取心不足，在工作中抱着应付的态度，自然不会提出主动性建议，也不会去开拓工作的新局面。

总之，如果班组长一直无法克服浪费时间这一缺陷，将会陷入一种迟钝的时间感觉中，还会丧失宝贵的机会，随时可能被企业淘汰，或被能干的下属替代。

附录一：企业班组长考核表

结构	考核指标	不合格（0~1分）	合格（2分）	一般（3分）	良（4分）	优（5分）	权重	得分
素质结构	事业心	工作敷衍、责任心差	工作马虎，责任心不强	责任心一般，满足于日常工作	工作勤奋，责任心强	工作一丝不苟，勇于承担责任		
	纪律性	纪律性差，经常迟到、早退	纪律性较差，有迟到、早退现象	有一定的纪律性，但偶尔犯小错误	纪律性较强，没有迟到、早退现象	纪律性强		
	主动性	经常偷懒，工作懈怠	工作被动，需要外界提醒	工作较主动，不偷懒	能积极主动完成本职工作	对分内、分外工作都非常积极		
知识结构	文化知识	初中以下	高中水平	中专水平	大专水平	大学以上水平		
	专业知识	缺乏专业知识	粗浅地了解本专业的知识	一般掌握	掌握本专业知识有一定深度	专业知识非常优秀		
能力结构	表达能力	含糊，意思很难让人明白	基本表达自己的意思，但缺乏条理	词能达意，但不够生动	语言简练清晰	语言表达优秀，有技能和幽默感		
	创新能力	没有创新，因循守旧	保守，很少有新办法	能开动脑筋，对工作有一定改进	工作中有一定成果	有魄力，善于积极创新		

续表

结构	考核指标	不合格（0~1分）	合格（2分）	一般（3分）	良（4分）	优（5分）	权重	得分
能力结构	交往能力	交往能力弱，不善与人交往	交往能力弱，社交面较窄	交往能力一般，能与大多数人交往	交往能力强，社交面较宽	善于与人交流，建立了广泛的人际关系		
	合作能力	性格孤僻，不愿与人合作	基本能与他人合作	愿意与他人合作	主动与他人合作	积极合作，乐于助人		
	理解能力	对分配的工作和新知识掌握慢，不得要领	理解能力差，在旁人的指点和帮助下能初步掌握	一般性地掌握分配的工作和新知识	能较快掌握分配的工作和新知识，理解较深	能迅速掌握分配的工作和新知识，理解深刻		
绩效结构	产品质量	经常出错，质量低下	偶尔有错，质量较差	质量一般	不出错，质量较高	从不出错，质量高		
	工作任务	不能完成规定的工作定额	在同事的催促和帮助下基本完成	能基本独立完成	能按时完成，有时能超额	总是非常出色地完成任务		
考核分总计：								
考核者意见								
员工意见								
考核者签字： 员工签字：								

附录二：班组长自我考核表

序号	项目内容	评价			
		A	B	C	D
1	接受指示或被委托的工作，总是在员工催促之前就完成并提出了详细报告				
2	能够将工作上的“坏消息”及自己的失误毫不犹豫地向上司报告				
3	所做的报告要点明确，向员工传达的信息简略、确实				
4	所做的报告中，将实际发生的事和自己的推测、意见明确分开，不让员工误解				
5	及时、仔细、迅速与必要的人联系，不会发生“为什么不早说”的不满				
6	对于送来的指示和请示、委托等，迅速处理，快速反应				
7	写材料、报告简洁并真实				
8	同事在工作上有困惑、延误时，在不影响工作的前提下，积极主动地协助				
9	不在背后说他人的坏话，不做损害他人的事				
10	即使在征询上司的意见时，也要先阐述自己的想法，然后听上司的指示				
11	虚心听取并考虑他人意见				
12	工作现场生气勃勃，员工工作心情愉快				
13	不管是什么样的工作，都制定明确、可量度的期限和目标				

注：A——完全合适；B——大致合适；C——部分合适；D——大部分不合适